なぜこの技術・製品が選ばれるのか？

ものづくり日本を支える強い技術・現場20選

日刊工業新聞特別取材班【編】

日刊工業新聞社

刊行にあたって

ここ数年、日刊工業新聞社は、中小モノづくり企業の開発成果の事業化支援に関わっています。いわゆる「国プロ」の開発成果であり、展示会での共同出展を通じてのＰＲや、小社媒体を活用した情報発信による川下企業とのマッチング、さらには商談獲得につなげる活動をしています。

これらの開発案件は、より確実な事業化を期して想定ユーザー（おもに川下企業）を確保または明確にしたプロジェクトが採択されています。大学などの研究機関で取り組まれている、十数年―数十年先を見すえたラディカルなものではなく、今そこにある課題解決に寄与する開発案件ばかりです。にもかかわらず、導入（事業化）に至らない例が発生しています。複数年にわたる開発プロジェクトを終了した後、想定ユーザーを取り巻く市場環境が変化し、このような結果になった例が報告されています。また、ターゲットとなる川下企業では担当（担当部長など）の異動に伴う方針変更も導入に至らない要因となっています。ここで当社の出番ということで、想定ユーザー以外に開発成果を発信するというかたちで事業化支援などに関わっていますがマッチングが進展せず、日々、頭を悩ませています。

これらの開発案件は、川下企業における生産技術の高度化、つまり顧客の課題（困りごと）解決を狙ったもので、いわゆる「マーケットイン」のアプローチで取り組まれています。想定顧客のニーズを突き詰め、かつ実際に使っていただけるのかという仮説検証がなされたにもかかわらず導入に至らない（代替手段に取って代わられる）というのは、これら一連の取り組みに〝甘さ〟があったのでしょう。

それよりも気になるのは、想定ユーザー以外の川下企業からの関心が低いことです。いずれの開発成果も〝エッジの利いた〟ユニークかつオンリーワンの技術ばかりです。ですが、想定ユーザーの課題解決を意識するあまり半ば特注品に近いものとなり、他の川下企業からの関心の低下を招いているのでしょう。そこで、求められるのは他の川下企業にも導入できる、適用できる標準品を意識した開発です。川下企業における共通の困りごとを見出す、すなわち「技術の汎化」という視点を開発活動に少しでも組み込んでおけば、他の川下企業に異なる印象を与えることができ、ひいては、事業化につながったことでしょう。こうした反省から、各社の技術の棚卸をしつつ各開発成果の「技術の汎化」という視点からこれらの見せ方を検討し始めています。

本書「なぜこの技術・製品が選ばれるのか?」では、「ものづくり日本大賞」「超ものづくり部品大賞」「グローバルニッチトップ企業」などに選出された20社を取り上げました。いずれも「オンリーワン」と言うべき開発力・現場力を保有し、魅力あるモノづくりを実践しています。「オンリーワン」「ニッチ」とは言うものの特定ユーザーのみの課題解決に特化していません。これら20社の企業が保有する突出した技術や事業モデルは、多様な業種や現場の課題解決に寄与しています。そうした意味では、掲載企業各社で「技術の汎化」がなされていると言え、本書では、経営者や開発責任者の声を通じて、その一端を取り上げました。また、顧客の現場をよく理解されていることが伺え、顧客ニーズに応えつつ「技術の汎化」できていることに気づかされます。

コロナ禍を経験し、新たな事業の柱づくりに向け新規開発に取り組む企業が多いです。その際に「技術の汎化」という視点を加えていただくことを、本書から学び、これにより自社が保有するオンリーワンの開発力・現場力を広く役立てていただくことを祈念します。

２０２３年春

日刊工業新聞特別取材班

なぜこの技術・製品が選ばれるのか？
——ものづくり日本を支える強い技術・現場20選

第3章　素材・環境など

（建築材料／加飾材料／合成皮革／機能性樹脂シート／リサイクル・トータルプロデュース／産業用不織布）

特別寄稿

＊本書では「モノづくり」の表記を基本としていますが、「ものづくり」の表記を望む企業では、こちらの表現を採用しています。

第 1 章

機械・装置

Excellent company

001　井上ヒーター株式会社
002　株式会社片岡製作所
003　株式会社魁半導体
004　大同機械製造株式会社
005　株式会社パトライト
006　株式会社ホリゾン
007　株式会社松本機械製作所

CASE.001

成長を続ける創業110年超の工業用熱交換器の老舗メーカー

産学連携による高度な開発力に加えSDGs活動でも注目

井上ヒーター株式会社

井上ヒーターはフィンチューブ式をメインに、工業用ヒーターやクーラーに使われる多様な工業用熱交換器を手がける。化学プラントや製鉄、製紙業界など加熱・冷却プロセスを有する様々な生産現場に幅広く納入している。顧客の業容に最適な一品一様のオーダーメイド製品の提供を使命とし、技術開発とともに信頼関係を構築してきた。

「私たちの工場は画家のアトリエに似ている」。こう説明するのは井上雅晴社長。「当社の技術者が試行錯誤を繰り返すうちに新たな発想が生み出される」と独創的な社風や、妥協を許さないモノづくりへの姿勢を強調する。

フィンチューブが成長の原点

井上ヒーターの創業は1912年。110年の歴史を刻む工業用熱交換器の老舗企業だ。井上社長の祖父である井上昌二氏が、熱交換器メーカーの井上鉄工所（後の井上金属工業、現テクノスマート）を立ち上げたのが始まり。戦前、創業者が熱交換器に用いるエロフィンチューブの製造免許を国内初で取得。当時は軍服向け染色繊維の乾燥工程や兵器向け硝化綿の製造工程など、おもに軍需産業向けに採用された。

戦後には熱交換器と送風機を組み合わせた「乾燥機メーカー」を打ち出し、化学合成繊維業界などに供給することで成長を続ける。その後、66年に熱交換器事業を分離して「井上ヒーター」を設立した。上場企業

▲井上社長の卓越した経営手腕により急成長を続ける

となった井上金属工業とは別の、創業家100％出資会社として独自経営をスタートし、98年に、現社長の井上雅晴氏が井上ヒーターの社長に就任した。

井上ヒーターが展開するフィンチューブ式熱交換器は、複数のフィン（放熱板）にチューブを貫通させた構造の「プレートフィン」がコア部材となる。チューブ内に液媒体を流し、ガス体をチューブ外面とフィンに当てることで熱交換を行う。一般的な「シェル＆チューブ式熱交換器」に対し、高性能を維持しながらも小型化を可能にする。

プレートフィンには、おもにアルミニウムとステンレスの素材が使用され、加工性や熱伝導率、安価な原料価格などからアルミ製が優位とされる。ただ、耐久性や耐腐食性が求められる医療や食品関連分野からはステンレス製を望むケースが多い。そこで、同社では独自に熱伝導率を高め、より小型で低価格帯のステンレス・アルミ製熱交換器を開発した。さらなる需要層の拡大に期待がかかる。

量産体制の構築で業績伸長

現状、井上ヒーターでは熱交換機器の採用域を電気自動車（ＥＶ）関連のリチウムイオン二次電池や間連部品の製造工程、炭素繊維強化プラスチック（ＣＦＲＰ）の製品加工工程といった、先進的な成長分野へ拡大を図っている。そこで同社では2022年6月の創業110周年を機に、生産体制の強化、拡充に動いた。

新たに「全自動プレートフィン圧入機」や工作機械類を増設して生産能力を増強。需要が急増するＥＶ関連機器部材の製造工程向けに量産対応の生産設備を構築した。以前からのオーダーメイドの製造工程に加え、量産を可能にした。これにより売上が急増し、同社の22年11月期の売上高は過去最高となる7億円に近づいた。22年当初に掲げた、「25年11月期までに売上高を21年11月比30％増の6億円から7億円規模に拡大する」とした経営計画を、早々に前倒しで達成した。この増収要因について井上社長は「ＥＶ向けリチウムイオン電池関連部品の製

井上ヒーター株式会社／INOUE HEATER

▲高性能を維持しながら小型化ができるフィンチューブ式熱交換器

▲SDGs活動の一環として本社工場の屋上には太陽光発電パネルを設置

造工程に同社ヒーターの採用が進んだ結果」と分析する。いち早く量産体制構築に舵を切った成果が証明された。

さらに今期（23年11月期）の売上高についても「8億―9億円に達する見込み」と、業績拡大の勢いは止まらない。昨今、ＥＶ関連需要は世界的に急激な進展を見せており、国内でも一般的に言われる35年のＥＶ本格普及期までは関連産業の急成長が続きそうな情勢だ。今後は「同業者間で開発や受注競争が激化するだろうが、それ以上に関連市場の広がりは大きい」と井上社長は見ている。さらに、ＥＶ関連需要が落ちついた後の量産体制については、「基本事業であるオーダーメイド対応の生産体制との相互補完で一時的な落ち込みは防ぐことが可能。さらに過去の液晶市場のように、あらゆる分野の技術進化により量産化が必要な分野は必ず出てくる。常に市場の動きを注視し対応力を備えていくことが肝要」と語る井上社長。中・長期的な事業展開にも隙はないようだ。

産学連携を通じて技術力を強化

同社は２００５年に、本社工場を大阪市都島区から現在の兵庫県西宮市に移転した。その後はＣＡＥ（コンピュータ利用解析）導入による生産管理手法の改善など先進的な取り組みを推進する。こうした中、大きな転機となったのは12年から始めた東京大学との連携事業。東京大学が保有する特許技術を活用して、熱伝導率を１１０年前の2倍に向上する技術を構築。同技術を利用したのが現在、提案中の小型熱交換器であり、連携10年目にして大きな成果となった。その後も産学連携に力を入れ、龍谷大学や大阪産業大学などとは技術開発の方向性についての実証を依頼している。今後は関西大学をはじめ、関西圏の技術系大学との連携事業を推進していく計画だ。

一方で、同社の特徴の1つに優秀な外国人の積極的採用がある。外国人社員は全体の⅓程度に上り、半数はモンゴルやベトナムの技術系大学の卒業生と留学生となる。「国内で採用すべき技術系の人材が枯渇する状況下、海外に目を向け優秀な人材を集めた」と説明する井上社長。現在では機械のオペレータや設計分野で実力を発揮している。

また、昨年の創業110周年を契機に、国連の持続可能な開発目標（SDGs）への取り組みを本格化させている。環境や顧客、社員に対して、優しい会社を目指すための理念を提示。様々な取り組みを通じて、「これからも熱交換器事業の発展を通じて人と未来の社会のために地球環境保全を目指す」と井上社長は力を込める。

同社のSDGsへの取り組みは地域行政や経済団体が多様なかたちで紹介されている。西宮商工会議所報ではエネルギーロスを減らす新製品開発や働きやすさを向上させる社内環境の改善手法などを紹介。また、ひょうご産業活性化センターが23年に立ち上げた「ひょうご産業SDGs推進宣言事業」の中でも、先進的な取り組みを展開する企業として選ばれている。

これらの活動に加え、同社の製品開発力や技術力は多方面で高い評価を受けている。優れた技術やサービスを有する中小企業者を認定する23年度の「ひょうごオンリーワン企業」にステンレスフィンの効率を高める特許技術が他社にない強みとして取り上げられた。さらに、機械設備の増設による量産への取り組みが評価され、兵庫県の「プラチナ成長企業」にも認定された。今後は全国の催しなどで知名度が高まり、地域をあげた育成支援によりさらなる事業拡大に期待が高まる。

Company Profile

- ■社名：井上ヒーター株式会社
- ■代表者：代表取締役　井上 雅晴
- ■所在地：〒662-0934 兵庫県西宮市西宮浜4-1-43
- ■創業：1912年6月
- ■事業概要：フィンチューブ型熱交換器、熱風発生装置などの開発、製造、販売
- ■ URL：https://www.ihc-japan.co.jp/

▲2021年秋に増設した全自動プレートフィン圧入機

CASE. 002

レーザ技術を中核に市場を創造するグローバルニッチ企業

世の中にないものを創出し、成長を重ねる

株式会社片岡製作所

「世の中にないものをつくるのだから、マーケットリサーチはいらない。市場は自ら創造していく」

京都市に本社を置く片岡製作所の片岡宏二会長は、こう力強く話す。他社が追随できない技術で世界トップ水準のシェアを誇る「グローバルニッチトップ企業」が京都には多く存在するが、同社もその1社。2017年に経済産業省の「地域未来牽引企業」に選定されたのに続き、20年には同省の「グローバルニッチトップ企業100選」にも選定されている。

同社の事業は、レーザ加工システム、二次電池の検査システムおよび細胞プロセシング装置などのライフサイエンス装置、この3つが柱である。おもに太陽電池やリチウムイオン二次電池などの電子部品の精密加工に使われるレーザ加工システムは、国内だけでなく、米国、欧州や中国、台湾、ベトナムに置く販売拠点を通じて海外で幅広く展開。直径10㎛という超微細な穴を開けられる技術などが各国から高い評価を得ている。リチウムイオン二次電池の充放電検査システムも、EV（電気自動車）向けを中心に世界トップシェアを誇る製品。iPS細胞から不要な細胞を取り除く細胞プロセシング装置でも独占的な地位を築いている。

他にない二次電池検査システム

同社は、片岡会長が兄とともに1968年に創業した。70年代の草創

▲グローバルニッチトップ企業に育て上げた片岡会長（右）と2021年就任の吹田社長（左）

期は、おもに制御盤やマイコンシステムなどを製造していたが、80年代に入ると産業用ロボットや自動組立機なども手がけるようになり、電気関連のメーカーからメカトロニクスのメーカーへと転身していった。

レーザ加工システムを扱うようになったのは、スイスのレーザ加工機メーカー・ラザック社との出会いである。穴開けや切断などの超微細加工が非接触で自在にでき、金型も刃の交換なども要らないレーザ加工は、「電子部品の加工用に今後絶対に伸びる」と確信したのだ。そして、ラザック社との提携でつくり始めたのが、YAG（イットリウム・アルミニウム・ガーネット）結晶レーザ加工機。小型で高い出力が得られることから、YAGはレーザ加工機の主力になっていくが、片岡製作所はわが国でその先鞭をつけた会社である。その後も、電子部品の品質を下げるスパッタ（金属微粒子）を出さずに銅も溶接できる青色半導体レーザ溶接機や、AI（人工知能）を活用して液晶の画素欠陥を取り除くリペア（修正）装置など、最新技術を使った製品を次々に開発し、世に出した。

二次電池の充放電検査システムも、どこも手がけていない製品だが、リチウムイオン二次電池の将来性から考え、必ず伸びるとの確信から生まれたものだ。細胞プロセシング装置も、iPS細胞は培養時にできる余分な細胞を除去するのが課題と聞き、「レーザ技術と画像処理およびAIを活用して不要な細胞を狙い撃ちで死滅させられる」と考え、どこよりも早く実用化したという。どちらも、経営の基軸であるレーザ加工システムに関する情報や知見から生まれた製品。「まったく違った分野には行かない」との姿勢は徹底している。

トップを取れば情報が集まる

ニッチな技術に徹底的にこだわり続け、トップを目指す理由について、片岡会長は、「トップを取れば情報が早く入ってくる」と話す。国際的なトップランナー企業としての信用、ブランド力があるからこそ、市場のニーズは何か、困りごとは何かという情報が、同社に集まってくるのだろう。片岡会長が力説する通り「マーケット

▲フィルム切断などが行えるレーザパターニング装置

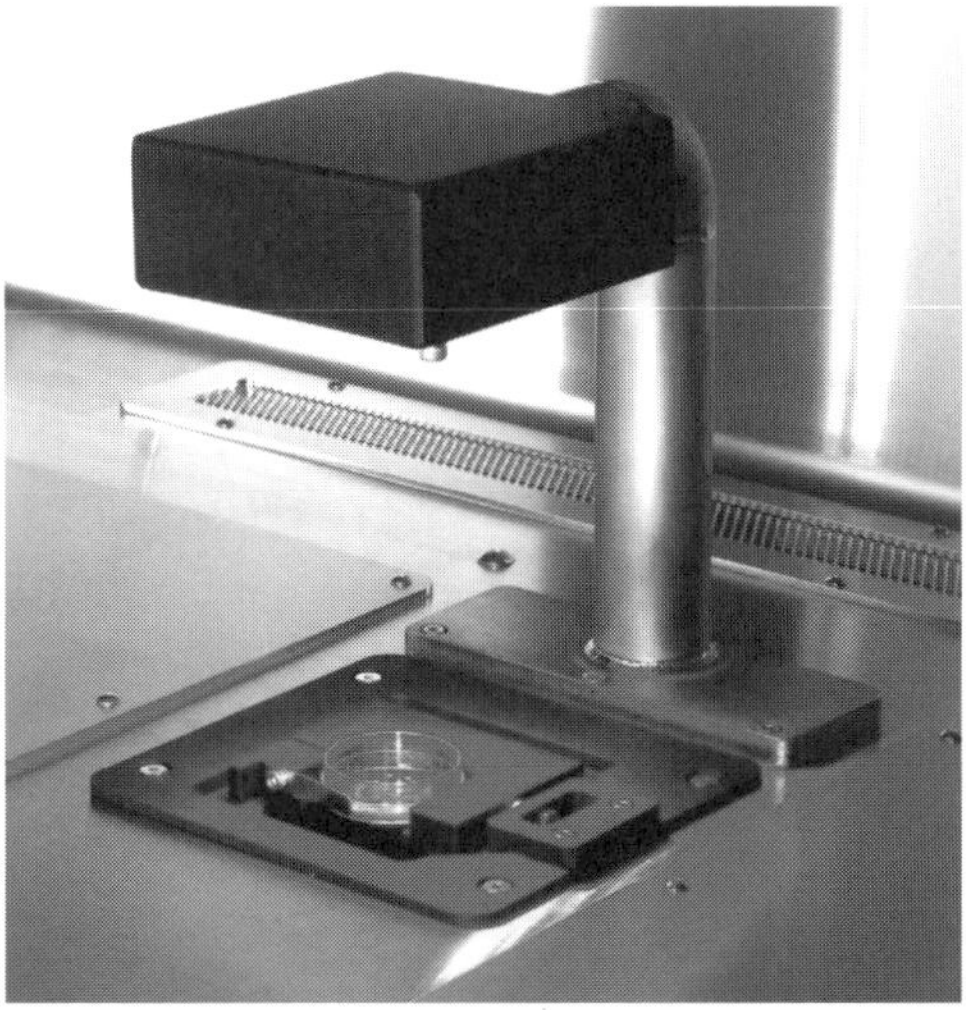

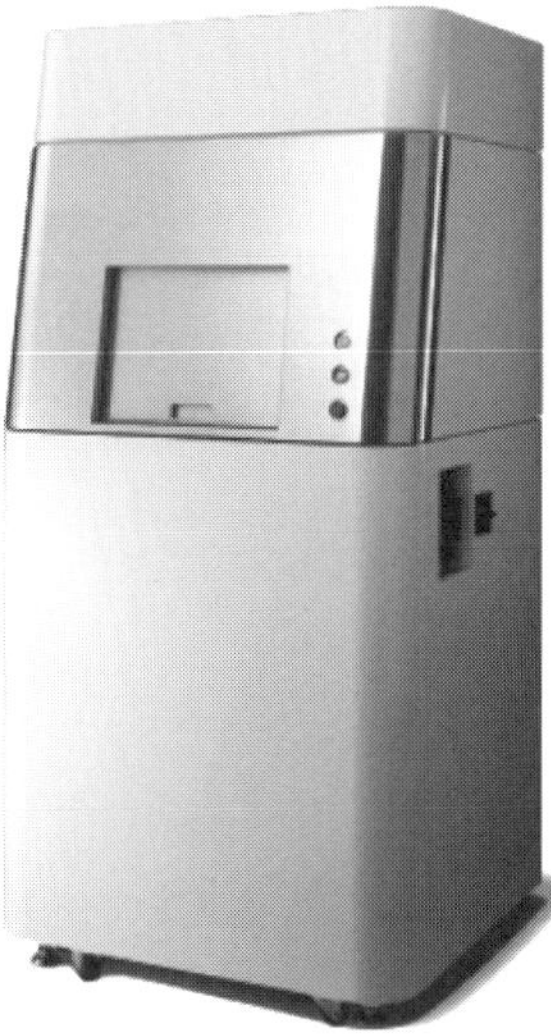

▲レーザ技術を応用した細胞プロセシング装置
光応答性ポリマーとレーザによる細胞除去が行える（写真左）

リサーチは不要」なのである。

トップランナーであることは、従業員のモチベーションにもつながる。「会社及び株主・全従業員の繁栄を追求する」と社是にも謳っている通り、同社は従業員を大切にする会社である。働く意欲を高めるため、経営者と従業員の対話を重んじ、育児や介護などに時間が使えるよう、1時間単位の有給休暇を認めるといった、ユニークな福利厚生制度も敷いている。しかし、世界でトップクラスの技術を持つ企業で働いているという、その「誇り」こそが、従業員にとっては最大のモチベーションと言えるだろう。

もちろん、レーザ加工システムで国際的なトップランナーになったのには理由がある。片岡会長によると「発振器、光学システム、機械技術、制御技術、加工技術の5大要素をすべて自社で保有しており、トータルでシステムを提供できるのが他にはない最大の強み」。どんな注文にも迅速に対応し、高品質のシステムが届けられるため、顧客を増やすことができたのだ。

レーザ加工システムの心臓部である発振器から始まり、すべての要素を次々に自前で開発していけたのは、大学との連携の成果という面が大きい。京都には優れたシーズを持つ有力な大学が集積しており、グローバルニッチトップ企業が多く生まれたのも、産学連携の厚みが背景にあるが、同社もその例外ではない。ただ、同社の場合は、京都に限らず、各地の力のある大学に多くの技術者を社費で行かせ、技術開発力を磨いてもらった結果、力のある人材が育ってきたという。

新本社棟・新工場棟を建設へ

当然、「世の中にないものをつくる」のであるから、試行錯誤の連続である。しかし、片岡会長は「失敗はしたことがない」と言う。途中であきらめれば失敗だが、行き詰まるたびに改良を重ね、テストを重ねて、開発を完成させるまで持っていくから失敗がないということであろう。同社はテスト加工用のレーザ発振器を30台保有している。顧客と共に試行錯誤しながら、納得のいくシステムを完成させるためだ。レーザ加工システムをトータルで顧客に提供できる技術力に、この顧客に寄り添う姿勢が加わり、国際的なトップ企業としての地位を確保し続けているのが同社である。海外に納入した装置でも、本社で診断できるリモートメンテナンス装置で不具合を診断できる体制も、同社は敷いている。

今後は２０２３年の着工を目標に、現在の本社に隣接するおよそ１・５haの土地に新本社と研究開発センターおよび新工場を建設する。ガソリン車からＥＶへの転換が進むことを背景に、レーザ加工システム、二次電池検査システムの成長が見込まれるためである。新本社は7階建てとして、先端レーザ研究所などの研究施設を建物内に収容。次に本社の近隣に分散している工場も新工場棟に集約する。販売拠点を海外で幅広く展開する同社だが、製造拠点があるのは京都だけ。その京都で本社機能と研究開発拠点、製造拠点を集約することで、これまで以上に迅速な意思決定と、開発・製造ができると期待している。

「新たな技術の創出」と「働くことが誇りに思える会社」を2大テーマとして、これからも掲げ続けると言う片岡会長。22年1月期におよそ60億円だった年商を、24年1月期には2倍強の１３０億円に引き上げる計画だ。従業員のモチベーションをさらに高めることにもつながるＩＰＯ（株式公開）も視野に入れている。

Company Profile

■社名：株式会社片岡製作所
■代表者：代表取締役会長　片岡 宏二
　　　　　代表取締役社長　吹田 昌志
■所在地：〒601-8203
　　　　　京都市南区久世築山町 140
■設立：1968 年 11 月
■事業内容：レーザ装置など精密機器の製造・販売
■ URL：https://www.kataoka-ss.co.jp/

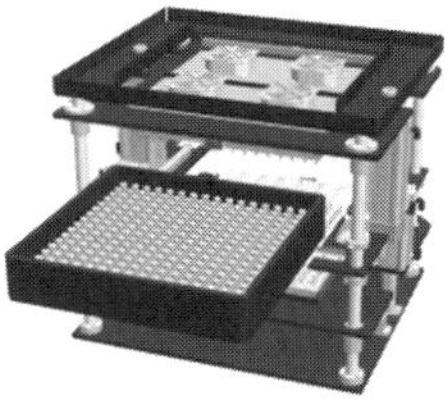
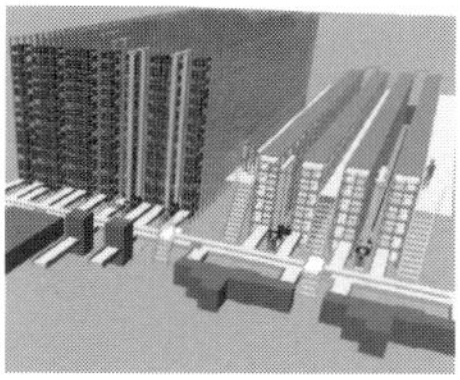

▲二次電池検査システムは電池組立後の各検査工程を一貫した設計が特徴。搬送装置により検査の全工程が自動化されている（イメージ図）

CASE. 003

プラズマ技術の可能性を切り拓く京都発の専業メーカー

とにかくやってみるを社是に顧客の課題に応える

株式会社魁半導体

「上場したいとか、会社を高く売りたいとか、そういった野心はない。事業を継続させることこそが目標」

京都工芸繊維大学発のベンチャー企業・魁半導体の創業者である田口貢士社長は、自身の思いを熱く語る。ベンチャー企業経営者としては意外に思える発言に聞こえる。自分がこだわり続けてきたプラズマ技術で世の中に貢献したいが、「他人様に迷惑をかけてまでもビジネスをしては本末転倒であるため、普段から支えて下さっている取引先や行政侍業などの支援機関との持続的継続的な関係構築が大切」と考えている。

同社はプラズマ発生装置の専業メーカーである。プラズマは固体、気体、液体と並ぶ物質の第4の状態。電子が分子から飛び出した不安定な状態のため、他の電子を取り込んで安定な状態に戻ろうとして特異な化学反応を起こす。この反応性の高さを利用して親水性（濡れ性）、撥水性、接着性向上などの表面改質や洗浄、殺菌、エッチング、薄膜形成など、様々な処理ができる。

夢の種をまくには飯の種が必要

田口社長は関東の大学院で修士課程を修了した後、京都の半導体製造装置メーカーに技術者として入社。その後、京都工芸繊維大学大学院の博士後期課程に入学したという経歴を持つ。その間、ひたすらプラズマの研究に打ち込んできた。魁半導体を設立したのは2002年。同大学

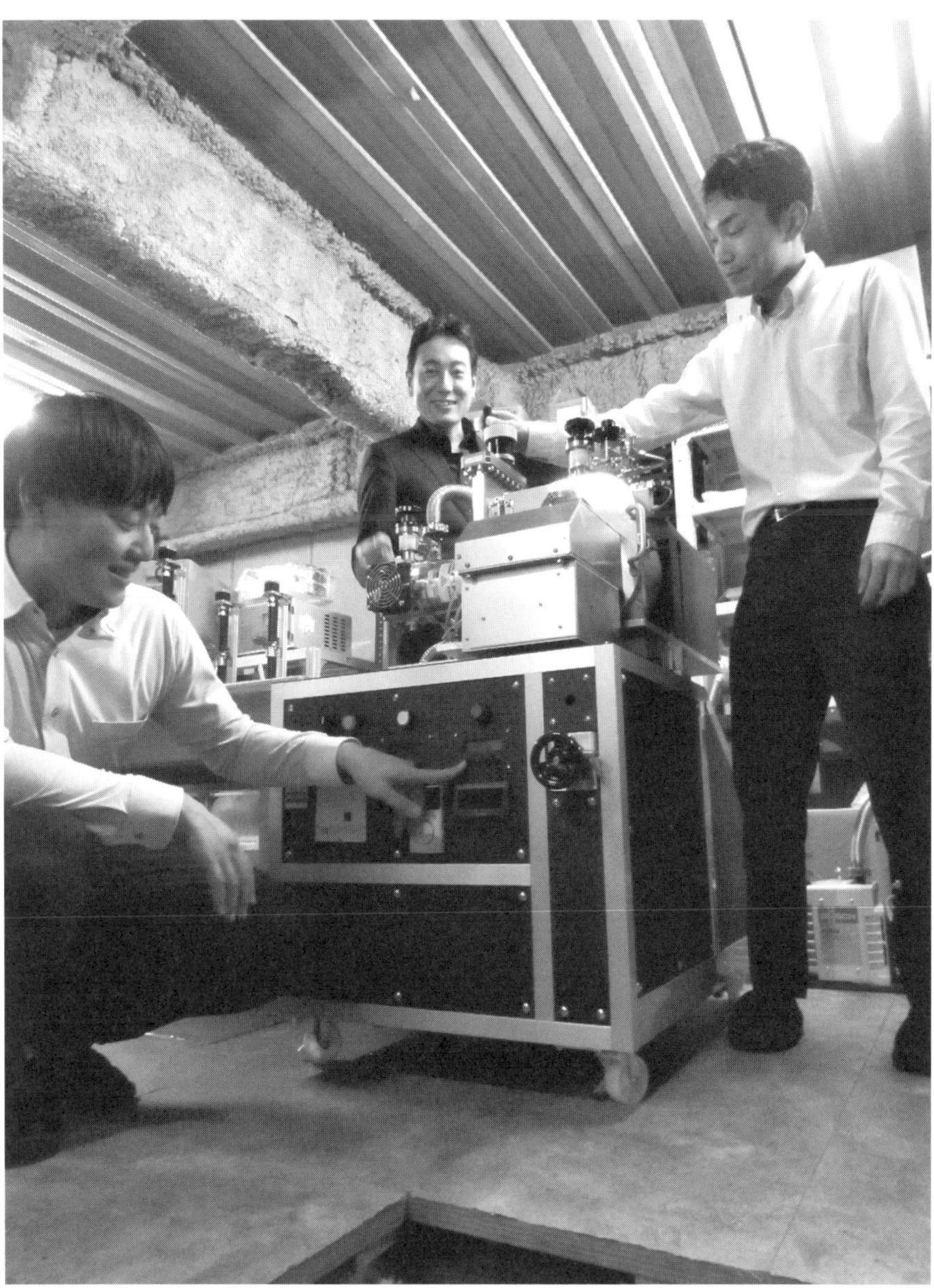

▲田口社長は創業時から変わらず開発の先頭に立つ（写真中央）
高度な開発スタッフを抱えるのも同社の強みとなっている

院に在学中のことである。プラズマ技術の可能性の大きさを社会に広める夢を叶えるためだ。

ただ、田口社長は「企業には夢の種と飯の種がある。夢の種をまくためには飯の種が必要」と語る。「飯の種」、すなわち収益を上げられる事業の柱がないと、夢を実現できないというわけだ。ベンチャー企業経営者は投機家ではない。利益を堅実に上げ続けなければならない。その利益を堅実に上げる方法を、田口社長は余計な機能をはずして表面改質に用途を絞り込むことに求めた。大きなコストがかかる高周波電源をはじめ、プラズマ発生装置を構成する各パーツに一般的に出回っている汎用品を使用し、できるだけシンプルな設計にして出来上がったのが小型の卓上真空プラズマ装置だ。

通常なら1台当たり1000万－2000万円はするプラズマ装置だが、それを50万円ほどで売り出した。プラズマ装置を用いる主要な市場である半導体・電子部品のほか、医療機器・バイオ、自動車部品などの市場を、展示会への出展などの地道な努力で開拓して「飯の種」とした。

プラズマ処理の受託事業も展開

同社の強みは、顧客の注文に応じてプロセスの開発から装置の設計、部材調達、製作、検査まで一貫してできる点だ。いわゆるファブレス生産ではなく、すべて自社の工場で対応している。当然、研究開発資金や設備資金などが必要になるが、「他人様の資金を運用する責任を考えると、ベンチャーキャピタルなど外部資金の活用を躊躇してしまう」。自治体からの補助金と田口社長自身の講演などの謝礼金、それに売上金などで賄った。企業の困りごとに対し、個別にワンストップで対応するソリューション営業で得意先を掴み、売上を拡大できたからこそ資金を回すことができたのである。

プラズマ処理は、真空下での処理と大気圧下での処理に分けられるが、同社は真空プラズマ装置、大気圧プラズマ装置のどちらのプラズマ装置もつくれる数少ない企業に成長している。真空プラズマ装置は半導体やフラッ

▲22年超モノづくり部品大賞に選ばれた、PE-MBF法による自己組織化単分子表面改質装置「SAMyシリーズ」。プラズマ処理効果を長期持続する

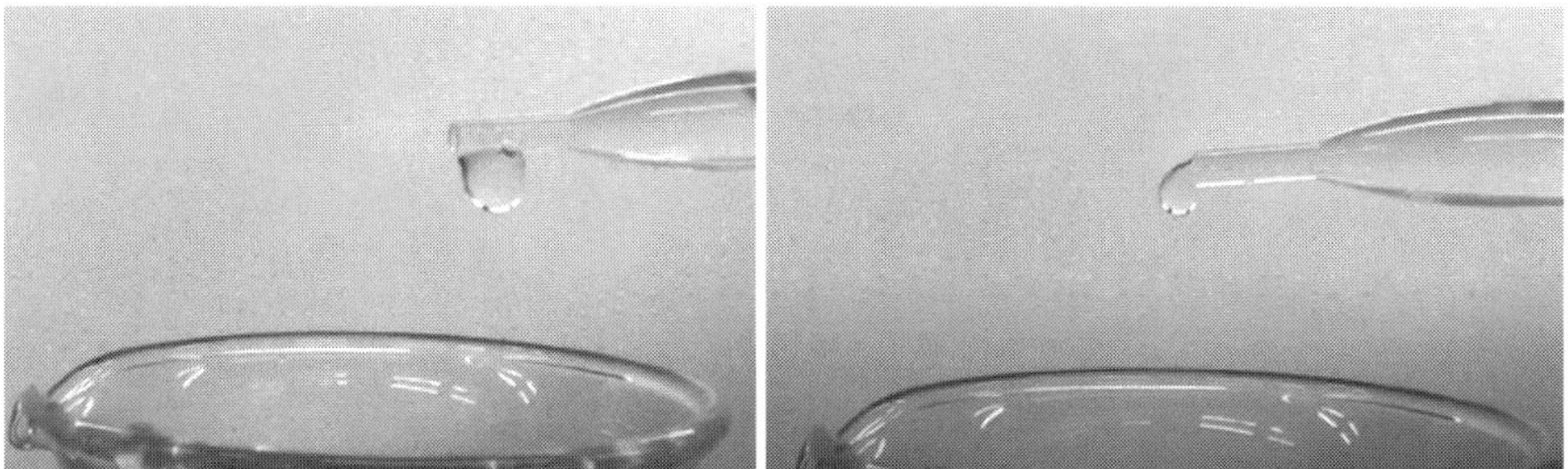

▲SAMyによる処理前（写真左）と処理後（写真右）。スポイトの液切れが改善されている

トディスプレイの発展とともに躍進してきた技術で、大面積の表面処理が可能。大量生産に向くシステムだ。一方、大気圧プラズマ装置はスリット状の表面処理しかできないものの、インラインに組み込みやすいというメリットがある。どちらを採用するかは、導入する側の事情によるが、どちらの装置でも顧客の要望に応じてつくれるのは、同社の有利な点である。

真空プラズマ装置、大気圧プラズマ装置の両方ともに設計から製作、検査までを一貫してできる体制を維持するためには、高度な人材が必要だ。田口社長は「当社にはプロセスを開発するソフトの技術者も、製品を開発するハードの技術者もいるのが強み」と話す。ただ、「縁がある人に入ってもらう」という採用方針を取っているため、理工系の出身者だけを採用しているわけではない。「博士号を取得している技術者にわかりやすく教育してもらっている」ほか、資格取得や大学院への進学などのリカレント教育を支援する制度で人材を育てているのである。

有機溶剤や有毒ガスなどを出さないプラズマ処理技術は「環境に優しい技術」と、田口社長は、要請が厳しくなる環境配慮型のモノづくりに適している点を強調。今後の見通しについて自信を見せる。用途は光学関連や飲料容器、文具などの一般消費財にも広がっており、「半導体向けの装置の売上比率は5%ほどに過ぎなくなっている」と話す。ただ、創業以来守り続けてきた「魁半導体」という社名を変えるつもりはない。半導体や電子部品の製造工程向けの需要がなくなるわけではない。競争が激しいこれらの分野は歩留まりがカギだ。同社が開発したばかりの、真空プラズマ装置内で使える不純物発見用センサデバイスが武器となる。

今後、有望分野の1つとして力を入れていくのは、化粧品などの液滴の切れを向上させる装置だ。この技術は「ノズルを変えるだけで、あらゆる産業を変革していけるポテンシャルがある」と見ている。医療・バイオ関係などの市場に展開できれば、売上に大きく貢献しそうな技術である。

プラズマ処理の受託事業も本格展開する。環境に影響しないプラズマ処理はぜひ導入したいが、会社の規模などの事情で、装置を自社に導入するのは難しいと考えている企業は多い。処理を受託することで、そうしたニーズに応え、得意先を増やしていく。そのための新工場も京都市内に建設する計画である。すでに土地は確保しており、23年7月期中には完成、稼働させる予定だ。今後5年以内に、売上高を21年7月期の約2・6倍の5億円に伸ばすのが目標。「そうなれば営業利益も1億円（21年7月期は7000万円）程度は上がる」と、田口社長は見通しを語る。

海外市場の開拓に注力

これから注力するのは海外市場の開拓。「海外向けはコロナ禍で途切れていたが、現在は少し出始めている。動き出せば必ず伸びる」。田口社長はこう期待を寄せる。小型の研究開発用の装置が主体となるため、ターゲットは欧米や台湾、韓国、中国などの研究開発先進国・地域だ。すでに代理店網は構築済みだが、国内と同様、展示会への出展などの地道な努力で顧客を開拓する。「大学教授をリタイアした人などとのパイプも構築できれば」とも考えている。

また、海外市場を本格開拓するため、「従業員の半分は外国人にしたい」という、大胆な構想も田口社長は持っている。国際展開も含め、「プラズマ技術には楽しみな種がたくさん詰まっている。楽しんで仕事をしてほしい」。

「とにかくやってみる」挑戦の心を社是として掲げる田口社長の、今後に向けた呼びかけの言葉である。

Company Profile

- ■社名：株式会社魁半導体
- ■代表者：代表取締役　田口貢士
- ■所在地：〒600-8897
  京都市下京区西七条御前田町50番地
  SAKIGAKEビル
- ■設立：2002年2月
- ■事業内容：プラズマ発生装置の開発・製造・販売、受託事業
- ■URL：https://sakigakes.co.jp/

◀使い勝手が好評の卓上真空プラズマ装置「YHS-Rシリーズ」

CASE.004

粘性液体向け内転歯車ポンプの草分け

世界の産業分野へ革新と信頼を発信する

大同機械製造株式会社

大同機械製造は、75年の歴史を有する独立系産業用ポンプメーカー。各種プラント向け特殊ポンプを提供し、油系材料をはじめ樹脂や塗料、ゴム原料など粘性を有する液体分野で強みを発揮する。常に顧客の視点に立った仕様の取りまとめやメンテナンス性を追究する。環境保全への意識が強く、「壊れにくいポンプ」づくりを実践している。

粘性液体向けに特性を発揮

同社の創立は1947年。現社長の大田龍一郎氏の祖父である大田一男氏が風水力機械の豊富な開発経験をもとに起業した。当初の業務は空気圧縮機やレシプロ（ピストン）式の真空ポンプなどの製造および修理。その後は、ユーザーからの依頼で開発を進めていた内転歯車ポンプ（ギヤポンプ）の製作を行い、当時の顧客ニーズに応えることで納入実績を広げていく。

ギヤポンプは創業者が欧州から輸入された製品の仕組みを参考に開発した。主軸につながる駆動歯車（ギヤ）と、中心からずれた従動の小さな歯車（ピニオン）から構成。ポンプが回転すると内壁に沿って回るギヤとピニオンの噛み合いが外れて液体の吸入が開始。歯車に満たされた液体はギヤの回転により吐出口へと送り出される。

同ポンプは羽根の回転による遠心力で液体に圧力をかける一般的な渦巻きポンプに比べ、モータ動力を直接伝動し、消費電力を抑えられるの

▲創立75周年記念式典の集合写真。写真前列左から2人目が大田社長

が特徴。粘性の高い原料などあらゆる液体の移送が行える。また、シール部が1個所のみのため、分解や点検、洗浄などのメンテナンスが容易という利点がある。

本格的な受注のきっかけは、ワニスやグリースといった潤滑剤向けの開発。当時、粘性材料を対象とするポンプは海外製に限られ、納期やメンテナンスなどコスト面から国産製品の開発が待たれていた。こうした要望に大田一男氏が各分野に向けた製品化を進展。戦後の民需拡大を背景に、活発化する石油化学分野で顧客層を広げていった。その後は、ワニスなどと同様に粘性の高い塗料の分野へ需要を拡大していく。当時、塗料分野は建築・構造物の内外装向けをはじめ橋脚や船底塗料、自動車塗料などの需要業界が急激に発展。ともにギヤポンプの採用領域も拡大していった。

時代の変遷に伴い需要先も変化

やがて時代が変遷し、顧客にも変化が生じていく。１９６０―80年代にかけてカセットテープやビデオテープ、フロッピーディスクといった各種記録媒体が市場を席巻する。その製造に必要な磁気塗料の分野が新たなギヤポンプの主力ユーザーとなった。一方、磁気塗料は希土類の鉱物が含有され、ポンプ内部の急速な摩耗により補修要請が相次ぐ。ただ、世間はバブル期の真っただ中。フル生産計画にラインを止められず、補修よりも新たな設備更新が優先された。「当時は大阪北摂地区にあったテープの大手メーカーへひっきりなしに納入していた」と、大田社長はこう振り返る。

さらに、１９９５年頃には記録媒体分野で録音テープの代替としてＣＤやＤＶＤ、ＬＤディスクなどが登場し、一大市場を形成していった。各種ディスク盤の普及に伴い、同社の需要先も磁気塗料メーカーから大手化学樹脂メーカーへと移行。ポリカーボネイト樹脂の生産工程にギヤポンプの採用が進んだ。

ポリカーボネイト樹脂は光の屈折を抑える特性から、ディスク関連以外にも眼鏡レンズや新幹線・飛行機の窓、クルマのヘッドライトカバーなど生活用途で広く採用されている。ポリカーボネイト樹脂は粘性が高いことから、同社の大型ステンレス製ポンプへの発注は拡大基調で推移した。近隣地域では10年以上の間、ポリカーボネイト樹脂の生産を手がける大手化学樹脂メーカーが国内外で生産体制を拡大。同社も世界へ向けて導入範囲を広げていった。

現在は、フリース素材などに用いられる化学繊維「スパンデックス」の生産工程をはじめ、ポリプロピレンおよびポリエチレンといった合成樹脂の生産分野に軸足を移している。さらに、エコタイヤ向けのゴム原料（ＳＳＢＲ）設備など、粘性液体分野の需要は化学系業界を中心に広がりを見せている。

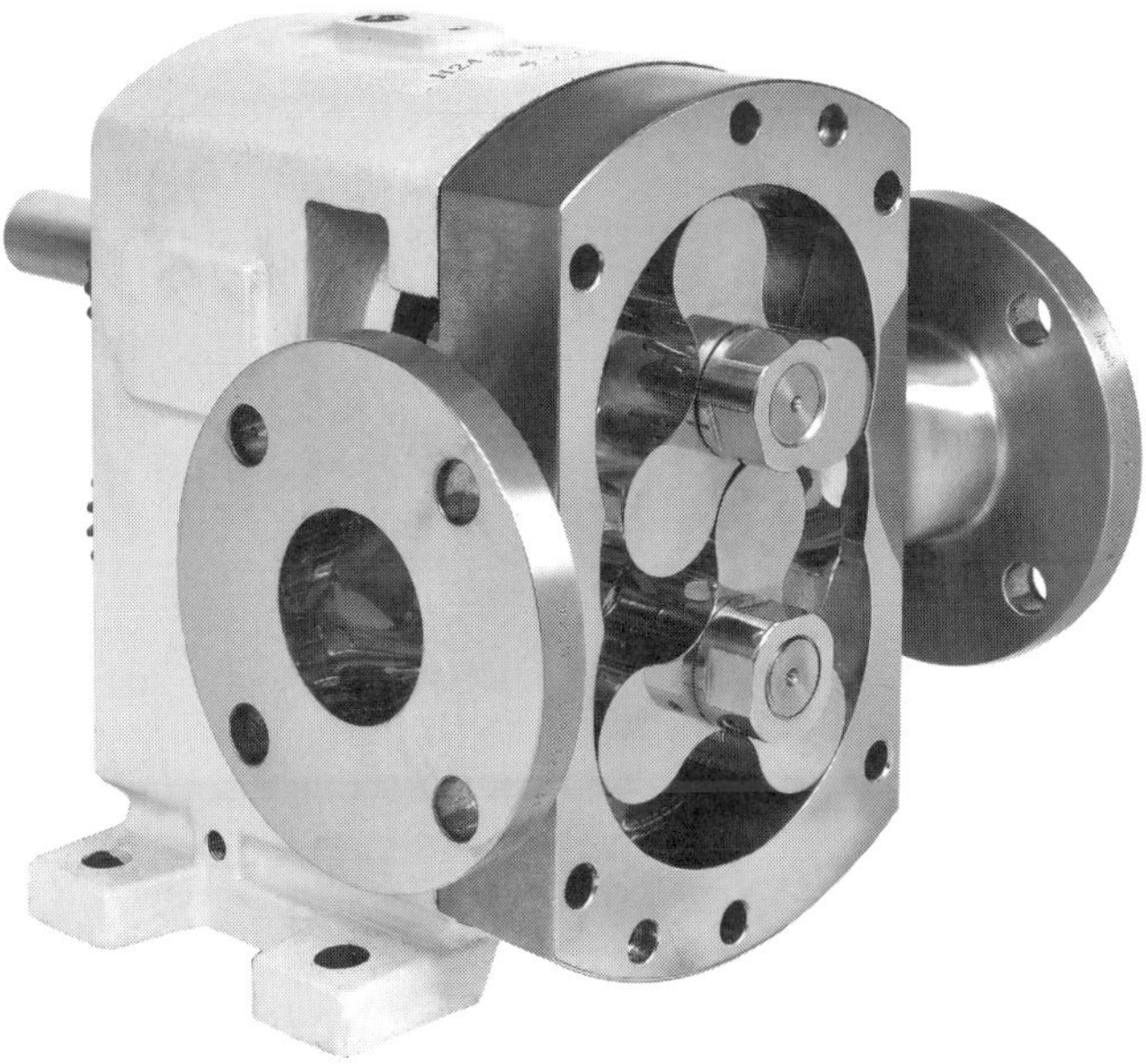

▲液体を傷めず、固形物を含む液体を壊さずスムーズに送液する非接触式ロータリーポンプ

▲シャフト部の液漏れがない高粘度・高温用シールレスポンプ

一方、メカニカルシールやグランドパッキンを必要としないマグネットポンプは、シールの役目をする隔壁を境にアウターカップリングが磁力で駆動し、インナーカップリングを回す仕組み。液漏れなどトラブル対策を極めた性能への評価が高い。さらに、複数のローターがタイミングギヤにより回転するロータープポンプや、2枚のロータープレートが交互にスライドして液体の圧送を行うベーンポンプなどを揃え、顧客の用途に適した製品を提供している。

今後、注目される分野として、大田社長は「エコ・リサイクルを支える業態」と話す。近年、ペットボトルをはじめフィルムやレジ袋などリサイクル可能な素材が研究されている。これまで塗料をはじめポリカーボネイトやポリプロピレンなど、石油化学分野の進展とともに同社のポンプも進化を果たしてきた。あらゆる粘性液体に挑戦してきた同社にとって新たな領域となるが、積極的に参入する構えだ。

開発力と長年の販売実績が強み

大同機械製造の強みは、多様なポンプ製作で培った製品開発力と長年の販売実績にある。高粘度や高圧条件に耐える材質や表面処理の選択、モータの回転数など様々な性能要求に応えてきたノウハウが、これまでの製品開発に生かされている。それゆえ、大田社長は「たとえ当社の特許技術を真似されても決して同様の製品はつくれない」と胸を張る。また、同社の従業員は技術系人材の比率が高く、開発指向が強いことも大きな支えとなっている。困難な顧客の要求にも逃げずに応える姿勢が社業の発展につながっている。

一方で、大田社長は入社当初、競合メーカーの堅調な海外展開を前に、自社の営業展開に遅れを感じていた。そこで自ら海外事業に専念。需要筋との人脈づくりに努め、現地販売で地道かつ堅実に人脈や営業の実績を伸ばしていった。その甲斐あり、同社の製品性能が海外顧客に広く浸透、納期や交渉対応など広く信頼関係を構築した。

特にアジアを中心に海外市場を開拓。韓国や台湾とともに2005年には中国で生産・販売・サービスの拠点として現地法人を設立し、現地でのギヤポンプの拡販に道筋を付けた。ただし、海外への販路拡大は同時に、製品へのクレーム対応など経費負担やリスクを負う場合がある。「完璧な製品の提供に責任を果たしていきたい」と大田社長は身を引き締める。

異業種間での相乗効果に期待

大同機械製造では顧客の作業環境や収支状況を配慮し、提供する機械の研究開発と改善に努めてきた。結果、需要推移と価格が合致し、社業の安定成長につながっている。これに加え、大田社長は「基本的に長く使える製品をつくり続けること」を生産方針に掲げる。

ここ数年、中小製造業でも取り組みが必須となっているSDGs（持続可能な開発目標）への対応を見すえたもので、「壊れにくいポンプ」づくりを実践。2022年8月の「SDGs宣言」につながっている。

一方で、さらなる業容拡大を目指し、経営理念を共有できる企業とのM&A（合併・買収）を模索。その一環で、22年3月には紙管製造機械のトップメーカーである生田鉄工（大阪市東淀川区）を子会社化した。ともに安定成長を図ることで不況時のリスク回避を目指す。ただ、成熟した企業同士であり、「今は相乗効果を求める前に両社の良さを生かすことが肝要」と話す大田社長。慎重な姿勢を示しつつも今後のビジネスの拡大に期待を寄せる。

Company Profile

■社名：大同機械製造株式会社
■代表者：代表取締役社長　大田龍一郎
■所在地：569-0035
大阪府高槻市深沢町 1-26-26
■創立：1947 年 7 月

■事業概要：樹脂や塗料、医薬、食品など幅広い分野に向けた、粘性液体用内転歯車ポンプをはじめとする各種ポンプの製造・販売
■ URL：http://daidopmp.co.jp/

▲卓越した現場技術者が品質を支える

CASE.005

シグナル機器の世界トップ企業

あらゆるシーンに「安心・安全・楽楽」を提供

株式会社パトライト

パトカーや救急車などの回転灯、工場設備などに使われる信号灯など パトライトの製品は身近なところでも活躍している。1947年に創業し、65年に回転警示灯の1号機を開発して以来、パトカー搭載の警光灯や積層式の表示灯などを次々と商品化。今では国内シェア70％以上、世界シェアもトップの企業だ。「パトライト」という名称は、同社が商標権を取得しており、文字通り代名詞となっている。現在は工場にとどまらず、コールセンターや災害情報の報知、建設現場などで幅広い採用実績がある。

高シェアゆえの製造責任の重み

パトライトの事業は、売上全体の40％強を占めるシグナル機器、2017年に経営統合した春日電機の製品群である接続機器、車両機器のほか海外事業が順調に拡大している。「国内外のシェアが高いだけに、うちが納期トラブルを起こすと大変なことになる」。代表取締役社長の高野氏は、こう悩みを吐露する。最悪の場合、生産ラインがストップすることもあり、製造責任を背負っているからだ。

ここ1、2年ほど、半導体などの資材不足により多くの国内メーカーは苦境に立たされている。しかし同社においては、20年から22年度における標準在庫品の納期トラブルが一切なかった。また、営業マンが納期対応に費やした時間は営業活動全体の1％ほどだったという。グローバ

▲シグナル機器市場のトップ企業をけん引する高野尚登社長

ルな即納体制も大きな支えとなっており、主力の三田工場（兵庫県三田市）だけでなく韓国や台湾、中国、タイ、シンガポール、欧米、メキシコなどに販売物流拠点を持つ。

「532プロジェクト」で高収益体質に

営業活動がストップしなかった理由には「532プロジェクト」の実現がある。コロナ禍で急ぎ取り組んだのではなく、2015年から着々と進めてきた。

「532」とは、売上原価5割、販売管理費3割、営業利益2割を意味する。基本的な考えは、シグナル機器や車両機器、接続機器などの既存事業は利益拡大に徹するというもので、そこで得た利益を海外事業、高付加価値の「ユーザー事業」や製品の安定供給のためのインフラに投資し、売上拡大を目指す。

まず取り組んだのが、製品機種の集約化。顧客の要望に忠実に応えてきた結果、特注品も増え、製品機種が2万6000まで増大していた。しかも、14％の機種で売上全体の84％を占めるというアンバランスな状態が続いていた。増大した機種を無理なく削減するため、営業は特注品から標準品に誘導した。一方、開発サイドは部品の共有化によるコストダウンや部品・製品在庫の削減に取り組んだ。その結果、機種は1万1000まで集約できた。

また、機種削減には開発部門が大きく貢献した。看板製品である積層信号灯は従来、外形25㎜から100㎜まで外径サイズだけでも8種があった。外径ごとに機種があり、古いものは1995年発売で、当時と今では設計思想が異なる。新製品を出しても旧製品は継続していたため機種は増える一方だった。あまり出荷していない製品でも廃番にせず、そのまま残していた。廃番しようにも営業サイドの思いもあり、機種削減は難しい取り組みだった。そこで、掲げたのはゼロベースで物事を考えること。発注手法や開発体制を見直し、大胆な部品の共用化や組立の簡素化でコストを削減。同時に、グローバル販売を見すえた製品開発を再構築し、高収益体質の創出を目指した。

▲大阪本社に開設したソリューションサイト御堂筋

▲IoT・DX化の先進例でもある三田工場は多数の見学者を受け入れている

具体的には「群企画・群設計」の思想を盛り込み、外径40㎜から70㎜までの5サイズ9モデルをそれぞれ1モデルに絞り込んだ。この結果、2年がかりで旧製品トータルで5800機種あったのが461機種へと92％削減。目標の90％減を上まわる成果を得た。また、部品削減目標も50％を大きく上まわり、653点から151点へと76％削減を実現した。しかも図面枚数や金型面数は減り、海外規格取得のコストも減った。当然、利益率も向上した。

積層信号灯の532プロジェクトの効果もあって、次は回転灯、表示灯も全機種一斉に刷新した。1947年の創業以来、初めてという大規模なものだ。従来は26モデル700機種もあったが、2020年1月発売の新製品では外径80㎜から150㎜の3モデル176機種に絞りこんだ。もちろん、いずれもグローバル仕様となっている。

IoT・DXでも先陣を切る

パトライトが選ばれる理由の1つに、顧客の使用環境に応じた高付加価値製品を供給できることがあげられる。接続方法にしてもUSBやイーサネット、IO-Link（ネットワーク技術の国際規格）、ワイヤレスなどあらゆる使用環境に対応している。

また、IoT（モノのインターネット）、さらにはDX（デジタルトランスフォーメーション）にもいち早く取り組んだ。2008年に開発したワイヤレスデータ通信システム「エアグリッド」は、同社の表示灯に乗せるだけで機器情報を無線転送できるのが特徴。データによる生産工程の改善など多様な使い方ができる。いわば「知らせる」信号灯から「記録」し「分析」するシステムに変化させるものだ。古い設備や機種でも簡単に導入することができ、無線のため増設やレイアウト変更も容易。工事による設備への影響も少ない。世界40カ国、2000事業所で導入実績がある。主力の三田工場でも稼働しており、見学者を多数受け入れ、その導入効果を発信している。
２０２０年以降のコロナ禍は、働き方や社会のあり方を大きく変えた。在宅勤務が当たり前になり、展示会もリアル開催からバーチャル開催が主流になった。これに対し、同社はコロナ禍以前より、こうした取り組みを着実に進め、ＢＣＰ（事業継続計画）の観点からリモートでの営業活動、バーチャル展示会・セミナー、サポートも担当者が自宅でできるシステムを20年6月に完成。ＤＸ商談ルームとして大阪本社に「ソリューションサイト御堂筋」、東京本社に「ソリューションサイト品川」を設けた。来社とオンラインを合わせ、御堂筋は累計２５００社近く、８５００人が来場した。

次の成長事業として位置づける海外事業も順調だ。１９８９年に米国現地法人を設立したのを皮切りに、シンガポールや中国、ドイツなどに進出し、９拠点、1工場（インドネシア）を持つ。世界に製品を供給する責任から、主な認証規格はほとんど取得済み。ＥＵのＣＥマークはもとより、英国の独自規格ＵＫＣＡ、米国のＵＬ規格などのほか、環境規制のＲＥＡＣＨなどを網羅している。

「70年を超える社歴で、当社は『報知』領域から外れることはなかった。ニッチな領域ながら徹底して深掘りし、環境変化に機敏に対応してきた」と、高野社長は力を込める。

このように自社の責任や役割を理解して、顧客目線でいち早く実行することがパトライトの強みであり顧客から選ばれている理由である。今後もこの戦略が揺るぐことはなく、シグナル機器市場をけん引する。

Company Profile

■社名：株式会社パトライト
■代表者：代表取締役社長　高野尚登
■所在地：〒541-0056
大阪市中央区久太郎町 4-1-3（大阪本社）
■創業：1947 年

■事業概要：表示灯、回転灯、音・音声合成機器、IoT 機器、工業用端子台などの接続機器の製造・販売
■ URL：https://www.patlite.co.jp

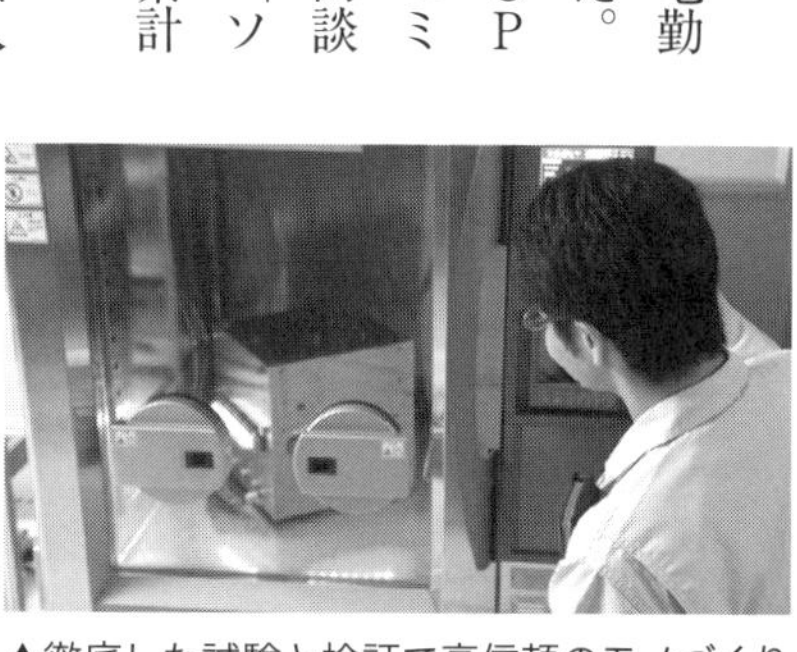

▲徹底した試験と検証で高信頼のモノづくりを進める（写真は温度試験）

CASE.006

開発・製造・販売の一貫体制で誰にでも使える製本システムを提供

世界120カ国以上で多品種少量ニーズに応える

株式会社ホリゾン

製本関連機器メーカー・ホリゾンの生産拠点である本社びわこ工場（滋賀県高島市）。敷地面積は東京ドーム3個分に当たる14万平方mという広大な工場である。その一角に、「ホリゾン・イノベーション・パーク」と名付けた施設がある。2020年10月にオープンした、ショールームやセミナールーム、動画配信スタジオなどを備えた情報発信拠点だ。

ショールームには、印刷された用紙をロボットが自動的に機器に投入して糊付け製本する「ロボット投入無線綴じ製本システム」をはじめ、最新鋭の製本システムが並ぶ。特に目を引くのは、大手複合機メーカー製のプリンターと、プリント後の後加工ができるホリゾン製のシートカッターとを連結した「プリンターインラインカットシステム」だ。給紙速度が異なる機器同士をつなぐため、速度調節装置を間に挟んでおり、名刺やチラシなどの紙製品を、印刷から加工まで一連のシステムで生産できる。他社の製品とも連結できるホリゾンのシステム開発力には、製本業者だけでなく、印刷機・複合機メーカーも大きな信頼を寄せている。

日本が誇る「グローバルニッチトップ」

印刷後の後加工（ポストプレス）には、紙折り、丁合（ページ揃え）、糊綴じ（無線綴じ）、針金綴じ、断裁という5つの工程がある。「当社の製本機器は、この5つの工程を一貫して自動で行える。この5工程を組み合わせて自動化した機器を提供できる企業は当社だけだ」。堀英二郎

▲同社をグローバルニッチトップ企業に育て上げた堀社長

社長は、自社の強みをこう語る。経済産業省の「グローバルニッチトップ企業100選」に選ばれたのも、この強みがあるからだ。複合機メーカーとの結び付きが強く、印刷から製本までの一貫システムを提供できる特徴が世界からも評価され、現在、ビジネスを展開している国は120を超える。国内と海外の売上比率も4対6と、海外売上の方が多い国際企業である。

国内でも同社への評価は高い。雑誌や書籍などを大量に製本するシステムの需要は、活字離れや趣味嗜好の多様化などの影響で低下しているが、カタログやパンフレットなどの多品種少量製本のニーズは、むしろ高まっている。少量の印刷物を短時間で製本できる同社の機器は、このニーズに合致する。人の手をほとんど介さず、専門知識がなくても扱える機器という特徴も、職人的な作業を要することや、重労働とのイメージから人手不足に悩む印刷・製本業者のニーズにマッチしている。

内製化率7割強を支える強いモノづくり

ホリゾンは1946年、堀社長の父である堀八郎氏が立ち上げた。八郎氏は京都大学の工学部で学び、創業。当初は電気器具の試作・修理会社としてスタートしたが、その後、理科の実験などに使う学校教育用機器をOEM（他社ブランドの製品を生産）で手がけるようになり急成長した。しかし、八郎氏は「理科機器は市場が限られている。これから拡大する可能性がある分野で、自社製品をつくっていかなければ将来はない」と考え、海外市場を調査した結果、製本機器の将来性に着目した。製本機器の製造開始は73年。商社ブランドのOEMから始めたが、2年後には自社ブランドで直接販売するようになった。びわこ工場が稼働を始めたのはその翌年、76年のことである。早い段階から開発、製造、販売、アフターサービスの一貫生産体制を確立した。

国際展開も早い段階から始めた。81年には輸出販売会社の「ホリゾン・インターナショナル株式会社」を設立し、本格的な海外市場開拓に乗り出している。海外事業は米国留学経験のある堀社長が、社長就任前から任され

株式会社ホリゾン／Horizon

▲少ロットでも高い生産性を誇る無線綴じ機

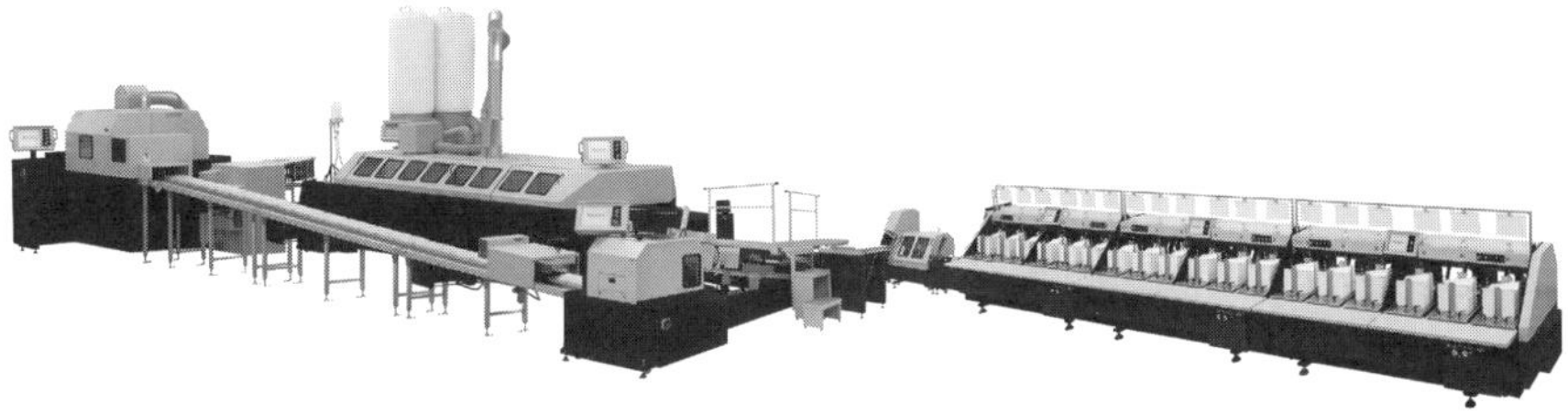

▲1時間6,000冊の高速生産を実現した高速無線綴じライン

▲人手不足にも対応できるロボット投入製本システムも自社開発

た。各国の展示会に出展するなどの地道な努力で得意先を開拓する中、自社グループ内で開発、製造、販売の一貫生産体制を取っている企業が少なかったため、「大変珍しがられ、信頼を得て得意先を増やすことができた」と振り返る。もちろん、海外でも多品種少量印刷・製本のニーズが高まっていたことが、その背景にある。スペア部品サービスセンターも兼ねた現地法人をドイツに置いているほか、米国でも現地法人を立ち上げている今、「ニーズの変化は日本より海外の方が早く、国内の需要開拓にも参考になる情報が入ってくる」という。

「当社は後加工機メーカーとしては後発。当初、後加工に対して素人だったからこそのアイデアが功を奏している」と、堀社長。素人ならではの視点で、顧客の幅広いニーズに応えるため開発、製造、販売が一体となり、知恵を絞り、臨機応変に対応する。これが老舗メーカーではない中小規模のものづくり企業の良さだというのである。とはいえ、臨機応変に対応できる製造技術は、一朝一夕で従業員が身に付けられるものではない。創業者が持っていたものづくりへの想いと技術が伝承された結果でもあり、人材育成の努力の成果でもある。

開発部門の充実ぶりも現在は目立つ。社内には機械、制御、ソフトの3分野の担当者が揃っている。「特にシステムインテグレータが自社にいるのは強み」と語る堀社長。同社では、海外を含めた販売済みの機械装置をクラウドで把握できるソフトウェアも販売している。機械の稼働状況や、機械部品の摩耗度を把握、分析し、現場の作業の見える化、プリメンテナンスで稼働率を維持することができる。ソフト開発部門の充実の成果である。

本社びわこ工場では、製本システムを構成する部品も社内で製造している。広大な敷地内には、機械加工や板金加工、射出成形、めっき、塗装、電装など、部品製造の各工程を受け持つ建屋が並び建つ。マシニングセンタや射出成形加工機などの大型機の姿も目立つが、多額の資金を投じて部品まで内製化しているのには、多品種少量生産ならではの理由がある。形状などが異なる膨大な数の部品をすべて外注に出していては、手間がかかり過ぎるからである。「設備投資は納期と品質を守るため。それに、生産のみならず、その設備を120%活用するため、技術力の蓄積に繋がる」と堀社長は言う。内製化率は7割を超える。

株式会社ホリゾン／Horizon

溶接などの特殊な技能が必要な工程まで自社工場内でできるのも、人材育成の努力の賜物だ。工場内には、誰がどの工程に習熟しているかのスキルマップ表が貼り出され、誰が誰をコーチングしていけばよいのかがわかる体勢が整っている。また、すべての工程がデジタル連携し、パソコンで作業手順を確認できるシステムがあるのも支えとなっている。これもソフト開発部門充実の成果のひとつ。工場内では、生産システムと連携して、部品を必要な場所まで運ぶ自動搬送ロボットが走り回る。工場従業員の負担軽減に役立っており、このソフトも自社開発したものである。

連結売上高250億円が目標

今後は製本関連システム以外の事業にも力を入れる。現在はTシャツや布バッグなどに手軽にオリジナルプリントができる、シルクスクリーンプリント製版機「Tシャツくん」や、自社の板金加工技術を活用したアウトドア製品が人気だ。いずれも同社のものづくり技術の高さを生かした事業で、枠にとらわれない挑戦を積極的に進め、これらが企業イメージ向上にも一役買っている。

ただ、あくまで本業は製本関連システム。多品種少量の「オンデマンド印刷」の需要は、今後ますます高まるとみて、デジタル化・他社製品とのつながりなどに一層注力する。また、製本関連システムだけにとどまらず、工場全体の作業効率化、システム化、ＤＸ化も推し進めており、全体最適へとつながる提案を行っていく。２０２８年７月期の連結売上高２５０億円（22年7月期は１５０億円）が目標だ。

Company Profile

■社名：株式会社ホリゾン
■代表者：代表取締役社長　堀英二郎
■所在地：〒520-1501
滋賀県高島市新旭町旭1600
■創業：1946年1月
■事業内容：製本関連機械（OA用、業務用）・製本システム機、紙工機器、特殊印刷機の開発・製造・販売、アウトドア機器の開発・製造・販売
■URL：www.horizon.co.jp

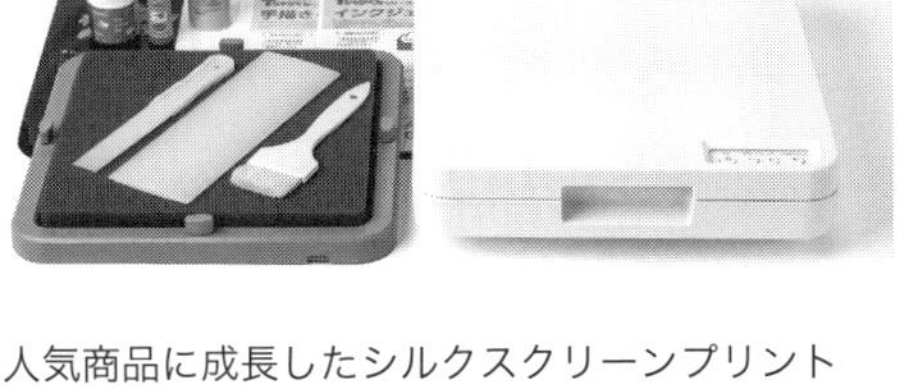

▲人気商品に成長したシルクスクリーンプリント製版機「Tシャツくん」

CASE.007

医薬品開発のパートナー 技術の松本

国内トップシェアの遠心分離機専業メーカー

株式会社松本機械製作所

松本機械製作所は遠心分離機の専業メーカー。開発から製作、メンテナンスまでをグループ一貫で展開しており、主力とする医薬品向けでは自社推定ながら国内約70％とトップシェアを誇る。松本知華社長は「顧客が新しい製品を開発、生産するとき、お役に立てるよう、新しいことに対して、常に積極的に取り組み続ける会社でありたい」と語る。

会社の設立は１９３９年。戦時中は軍需工場としてプロペラ部品を製造した。戦後、洗濯機の製造経験がある技術者が入社。近くに拠点を設けていた進駐軍へのアピールを狙い「洗濯機修理します」という趣旨の看板を立てたところ、思いもよらず大手製薬会社から声がかかった。「洗濯機を修理できるならば、できるはず」との発想で持ち込まれたのは、ドイツ製遠心分離機の修理依頼だった。国内の遠心分離機メーカーに頼んだが、ことごとく断られたのだという。初めて見る機械だったが手探りで懸命に取り組み、見事顧客の要望に応えて見せた。

以後、噂を聞きつけた製薬業界で広く重宝されるようになった。１９５０年以降は修理だけでなく、メーカーとして歩みを始めた。農薬や肥料業界向けの遠心分離機が全盛だった時代、まだ医薬品向けはニッチな市場にすぎなかった。業界各社からの信頼を得ていた同社による、きめ細かなカスタム対応の積み重ねが、今日までの製薬産業発展の一端を担ってきたことは想像に難くない。

経営理念に「技術の松本」を掲げる同社。他社がやらないような案件にも挑戦する姿勢、宣伝文句でもある「提案力　諦めない粘り強さ　スピード感」のルーツは、戦後の再創業期におけるエピソードからも伺うことができる。

DXの先駆け

創業家4代目の松本知華社長は2014年に就任して以来、数々の社内改革に取り組んできた。まずは旧態依然としていた各部署の業務を見直し、デジタル技術を採り入れて効率化を進めた。社員の働く意識も、言われる

▲松本社長は数々の社内改革で成果を上げ、関西エリアで注目度が高い社長の1人

がままではなく、自ら課題を見つけ解決策を考えて動くように変化を促した。そのトリガーとしたのが、人事評価制度の改革だった。

17年には経営理念を策定にも取り組んだ。自社の使命を、どう定義すべきか考えたとき、そのヒントを祖父に当たる先々代が、よく口にしていた「技術の松本」に求めた。松本社長は「技術とは何だろう、なぜ高価な製品を注文してもらえているのだろう」と考え、顧客に直接ヒアリングしてみることから始めた。そこで浮かび上がったのが、自社の強みだ。親身になった提案や解決までのスピード感、諦めない粘り強さ、といった仕事に対する社外からの評価。松本社長は「顧客の（新製品開発における）パートナーとなって、ともに新しい価値を生み出していきたい」と願う。経営理念の〝技術の松本〟にこめたのは、これまで得てきた信頼を将来につなぐ社内外へのコミットメントだ。

18年には、堺市の中心市街に分散していた製造、営業の各機能を集約し、新工場を稼働させた。かつての〝昭和の町工場〟から一新。天井が高く、明るくて開放感のある現場は、会社のイメージアップにも効果が現れており、労働環境の改善と生産の効率化を実現した。目下、改革を進めるのは生産現場におけるデジタル化だ。職人の暗黙知を、どのようにして形式知化し、次代に技能を継承するか。さらなる生産効率化も課題だ。工程管理の自動化にも挑戦しており、社員のスキルに応じて、工場全体の生産を最適化できる作業指示を実現したい考えだ。

業務の標準化やデジタル化に取り組むうえで、松本社長は「社員に納得感を持って仕事してもらう」ことを重視しているという。技能に頼った従来のモノづくりから、開発・提案力を核とするモノづくりに転換していくロードマップを描き、技術人材の採用も増やしている。製造面では増産対応をはじめ、規模を拡大していくうえで、協力会社との連携強化も欠かせない。一部機種の生産移管を想定したプロジェクトも動き出した。

一方で、将来のニーズを見すえ、従来のバッチ式でなく連続式の遠心分離機や遠隔監視機能付き遠心分離機の

▲松本機械を代表するベストセラー遠心分離機「MARK3」

▲上部排出型遠心分離機「KM」で作業性に配慮した派生種を開発

開発にも取り組んでいる。遠心分離機の新たな価値を提供するものとして育てていきたい考えだ。

マーケットインで開発する派生機

松本社長は「顧客の困りごとを前に、それを克服する新しいアイデアで機械をつくってきた。顧客とともに仕様をつくり込んでいる」と自負する。それぞれの顧客のニーズに応じてオプションの検討や素材を投入するバスケット（回転体）の形状など〝一品一様〟の機械をつくり上げてきた。

ベストセラー機を多く抱え、それらの主要機構は大きく変わらない。客先で得られた課題や要望を集め、使い勝手を高めた派生機種として形にする。マーケットイン型のモノづくりに徹している。時代に応じて、客先でも関心の高い課題は変化する。直近であれば狭い既存の工場スペースを有効利用したい、とか作業環境を改善したい、など。顧客が直面している困りごとに対して、その解決案として機械を工夫してつくり、適時の提案で受注を獲得してきた。

主力の上部駆動底部排出型遠心分離機「ＭＡＲＫ３」も、１９７５年に海外メーカーと技術提携して開発し、現在に至るものだ。ＭＡＲＫ３をホームページのドメイン名にも採用するほど、同社が〝顔〟として大切に育ててきた。発売から50年近く経ち、累計出荷台数は２５００台を超える。

マーケットイン型の製品開発に取り組んだ好例が、「狭い既存の工場でも洗浄できる遠心分離機を導入したい」という顧客の希望を反映させた派生機種、上部分割開閉型遠心分離機「ＭＡＲＫ３γ」だ。遠心分離機の機内を洗浄する際は、上部の蓋を開けて作業しなければならない。先行して「ＭＡＲＫ３β」が、機内洗浄を可能とした蓋を開けられる派生機種として誕生した。しかし、βは蓋が大きいため、設置場所に広い空間が必要だった。蓋を分割できるγの登場によって、これまでのように天井の高さや、工場スペースに余裕がなくても、ＭＡＲＫ３の導入が可能となった。これにより、ＭＡＲＫ３のさらなる市場拡大も見すえる。

松本機械が遠心分離機を納入する顧客の多くに中小規模の工場がある。特に、製薬関連の工場では、遠心分離機は製品の品質を左右する最重要設備の１つに位置づけられている。高価な機械であり、注文品を納入して終わりではない。松本機械では、設計時から顧客の要望を丁寧に聞き、用途に最適な仕様を提案している。使い方の指導から安定稼働の確立まで親身になってサポート。遠心分離機の機能は満たしていても、工場に据え付けると、前後工程や周辺機器との相性が悪い場合もある。そんな時でも顧客に満足してもらうまで、とことん対応を尽くしてきた。１台納入するとメンテナンスや改良などで長期に渡って関係が続く。対応力は多くの顧客が好評価を与えており、リピート客が大半を占めているところに真価が覗える。

Company Profile

■社名：株式会社松本機械製作所
■代表：代表取締役　松本知華
■所在地：〒590-0906
堺市堺区三宝町6-326
■設立：1939年9月

■事業概要：遠心分離機の開発・製作
■ URL：https://mark3.co.jp/

▲タブレットの導入で作業の効率化に取り組む製造部

第2章 部品製造／成形・加工

Excellent company

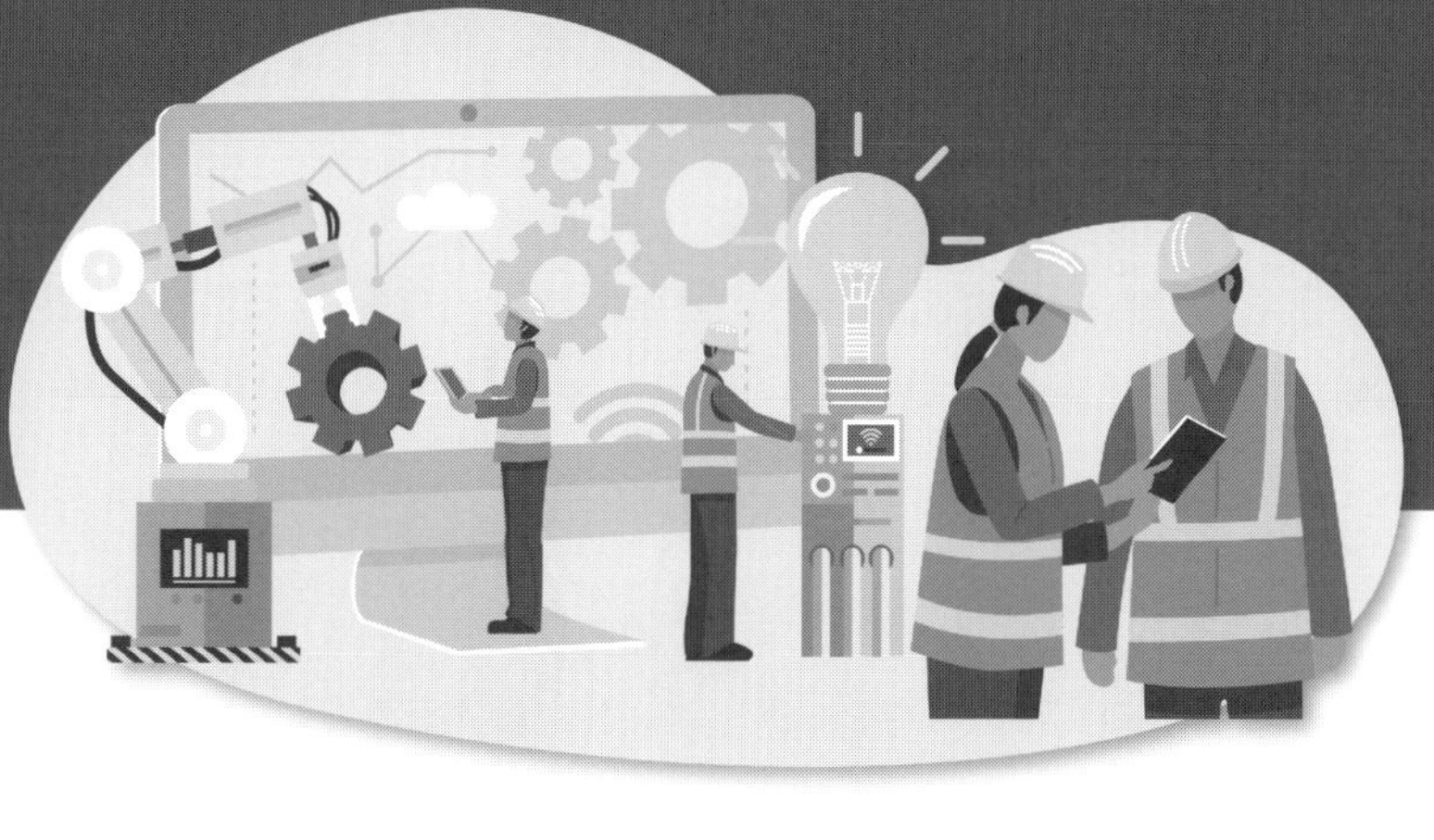

CASE. 008

中小製造業DXの成功例で注目！プラスチック製品の一貫メーカー

父の考えを大切にする兄弟による強い経営が魅力

アスカカンパニー株式会社

製造業のＤＸ（デジタルトランスフォーメーション）化が叫ばれる中、以前より注目されているのが、射出成形加工などを手がけるアスカカンパニーの取り組みである。成形機のログデータ解析とカメラデータ解析を実施し、前者を射出成形加工における入力情報として、後者を出力情報として源流管理に役立てることで不良クレームゼロを達成。さらには型締め力をもとにした、機械学習による成形機の異常検知および故障予測も実施している。長沼恒雄最高技術責任者（ＣＴＯ）が東北大学で学んだデータサイエンスの知識を適用したこの試みは、トップ自らが先導するＤＸ化の先行例としても知られるところとなっている。

父の生き方と考えを大切にし、兄弟で経営

アスカカンパニーは、長沼ＣＴＯと長沼誠代表取締役 兼 最高経営責任者（ＣＥＯ）の父にあたる誠一郎氏が、１９６８年に京都化成工業として立ち上げた。京都化成工業は誠一郎氏が53年に入社した射出成形加工の会社で、１年後に大手同業他社に吸収合併され、社名が消滅。京都化成工業のオーナーに会社を取り戻したいとの思いから、その暖簾を引き継ぐかたちで起業した。業績を拡大した80年にはオーナーへ株式の一部を譲渡し、会長職に迎えることで、その思いを成就する。

現在の兄・恒雄ＣＴＯと弟の誠ＣＥＯの兄弟による経営となったのは２００５年から。肩書の通り、恒雄ＣＴＯが技術を、誠ＣＥＯが営業を

▲恒雄CTO（左）と誠CEO（右）の兄弟による経営で安定成長を続ける

▲2017年竣工のKY HOUSE
MK活動の成果の1つであり、創業者の思いを継承する京都化成工業のロゴを掲示する

それぞれ管理・統括している。「自然な成り行きでそうなった」と2人は話すが、互いの専門性を生かした経営体制により業績は安定。父から事業を承継して以降も50年以上にわたり黒字決算を継続していることが、その証左となっている。

2人が大切にしているのは、父から承継した考え。「オーナーに恩返しをしたいという思いが強く、生き方を大切にする方だった」と振り返る。このような創業者の思いは利益追求型ではない社風として根づき、社員全員と共有するところとなっている。また、源流管理も承継した考え方の1つ。設計や製造、組立、成形加工などの分業が当前の射出成形業界にあって、源流管理の考えにもとづき、ほぼすべての工程を自社内で完結している。その考えを承継しつつシステム化したのが冒頭で紹介したDX化の取り組みであり、父の考えが土台にあるからこそ実現した。

DXによる不良クレームゼロ

構築したシステムは、成形機のログデータ解析とカメラデータ解析を源流管理に役立てるものとなっている。射出成形加工は、成形機や金型、原材料、成形条件など様々な要因が製品（成形品）に影響を与える。安定した連続生産のためには変化点の管理が必須であり、その仕組みを成形機ログデータの可視化により構築した。ログデータには温度・圧力・位置などが含まれ、これらのデータがグラフ化して表示される。問題が発生したときは、成形機の配置図をもとに色表示で変化点を確認することができる。例えば、射出成形では金型のゲート詰まりが間々発生するが、その瞬間がグラフ上で表示される。この情報を早期対応に役立てることでショートショットをはじめとする成形不良の未然防止につなげている。

もう1つのカメラデータ解析は、自社開発の解析支援ソフトによる解析結果を共有することで早期対応につなげている。こちらのシステムでも生産中の成形品の撮像情報をデータサーバに集約しており、専用Ｗｅｂアプリ

▲食品容器をはじめ高度な品質管理が要求される成形品の製造を手がける

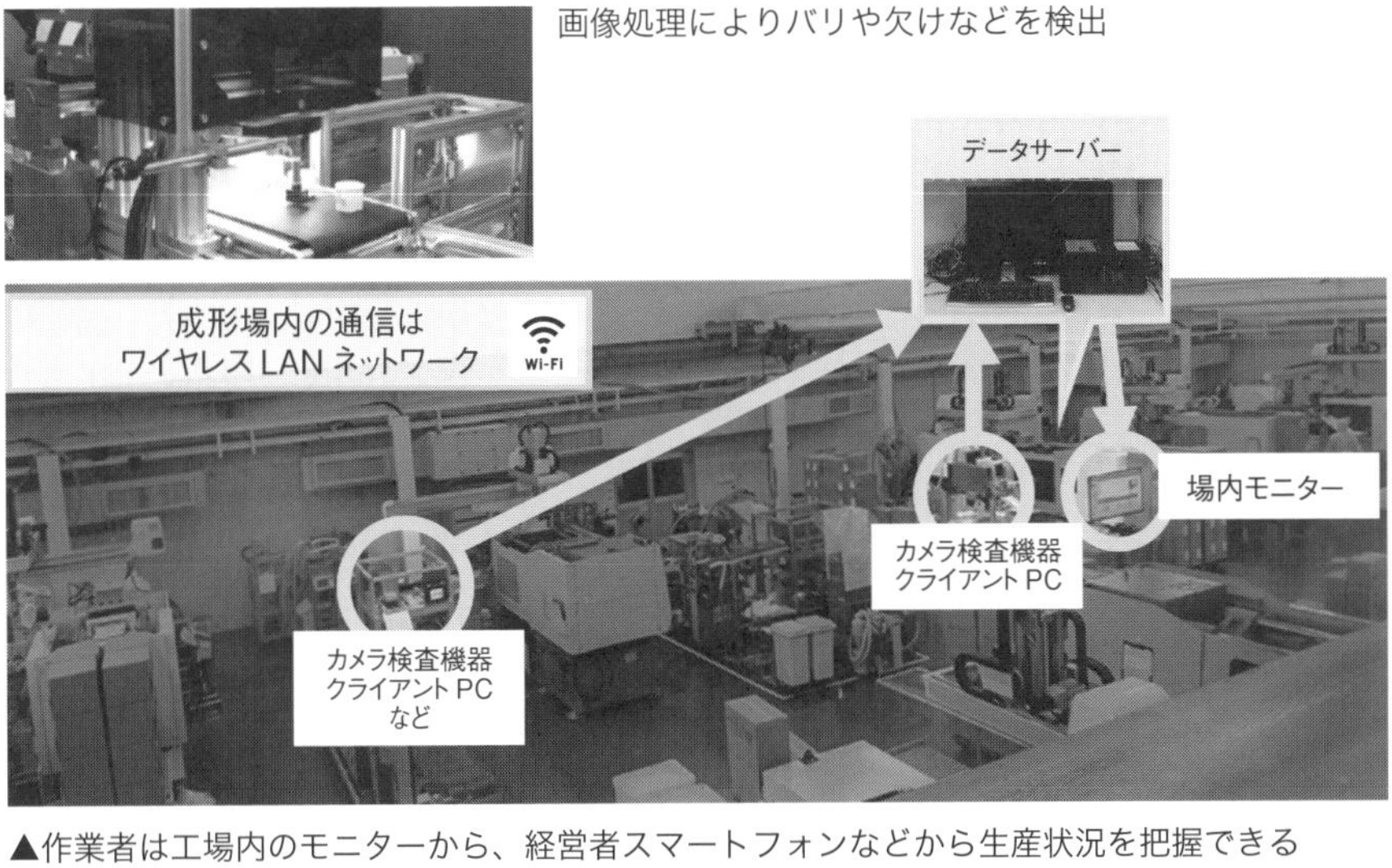

▲作業者は工場内のモニターから、経営者スマートフォンなどから生産状況を把握できる

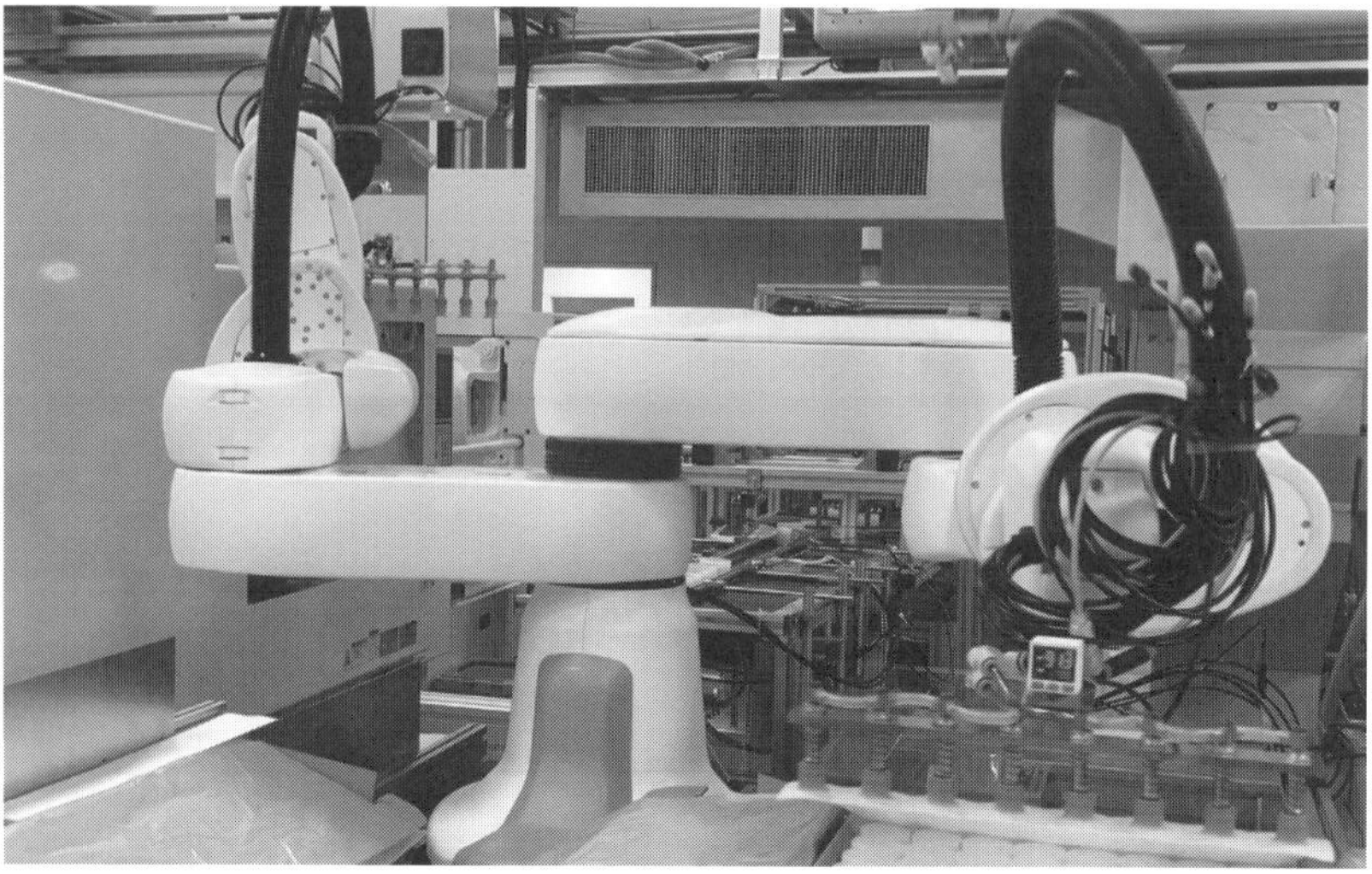

▲人と機械の協働作業を目指し、協働ロボットの運用を開始している

で確認が可能。工程上の製品名でカメラデータが一括管理されており、成形機と成形品を紐づけした状態で参照できる。また撮像は、一例となるが、単眼カメラでコンベヤ上方（1方向）から行い、画像処理によりバリや欠けなどを検出して不具合の傾向確認を行う。このような簡易な撮像方法により全数検査を可能にし、年間数億個の生産数に上る成形品がありながらも、数年間にわたり不良クレームゼロにつなげている。ここに同社のDX化が注目される理由の1つがある。

また、中小製造業を対象とした技術指導を通じて、これらの成果を共有しようとしている点も興味深い。カメラスクールの開催がその一例であり、同業へのカメラソリューションの導入支援を行っている。このような中小企業のDX化に寄与しようとする取り組みにおいても、創業者から受け継いだ精神が伺える。

ファミリービジネスの構築とMK活動の継続

持続的な発展に向け、新たな経営体制づくりにも取り組んでいる。すなわち、欧米型ファミリービジネスの構築である。創業一族が世代を超えて経営執行や株式所有を通じて事業経営に関与し、責任を果たし続ける経営を指し、ファミリー憲章がマネジメントの土台となる。専門のコンサルタントを交えつつ、そのあり方を検討し続けている。

ここ数年、ＳＤＧｓ（持続可能な開発目標）に代表されるように、利潤（利益）の追求にとどまらず大局的な観点からの企業経営が求められている。環境により配慮した開発など社会貢献を軸とした経営を進めるには、オーナー家が先導するファミリービジネスが適しており、「より一層の社会貢献を果たしたい」と兄弟は強調する。また、同社に根づく利益追求型ではない社風に合致する方向性とも言えよう。

一方、引き続き経営の軸とし、続ける活動がある。「ＭＫ活動」と表現するＱＣサークル活動である。同社は企業理念に「人々が成長し社会に貢献できる場の提供」を掲げる。「１人ひとりの成長と価値向上は会社の成長にも作用し、それらは社会への貢献につながる」という考えであり、１９７８年以来、取り組んでいるＭＫ活動を通じて、そのような場を提供してきた。ＤＸ化もＭＫ活動の成果の１つ。「われわれの企業文化の中心でもある」と２人は声を同じくして語り、変わらず大切にして全社員の成長を促していく。

社名のアスカカンパニーは、その中に「明日」という響きがある。「今日」という響きを含む前身の京都化成工業に対し、明日以降のことを見ていきたいとの思いから採用した社名であり、兄弟による経営により日々前進している。

Company Profile

■社名：アスカカンパニー株式会社
■代表：代表取締役 兼 最高経営責任者（CEO）長沼 誠
■所在地：〒679-0221　兵庫県加東市河高 4004
■設立：1968 年 2 月

■事業内容：プラスチック製品の開発・製造・販売、測定研究機器・工場自動化に関わる開発・製造・販売、金型装置のメンテナンスサービスなど
■ URL：https://askacompany.co.jp/

CASE.009

次々と新たな工法を生み出す絞り加工のリーディングカンパニー

創業以来、一流の技術者たちが絞り加工技術を追求

石崎プレス工業株式会社

「温間絞り工法」は、深い容器形状を成形するプレスの深絞り加工で、高強度材であるオーステナイト系ステンレスを被加工材にする場合を主とした、成形性向上技術として採用されてきた。ワークのフランジ部を、加熱したダイとシワ抑えからの熱伝達で加熱する一方、加工荷重を牽引するパンチ肩部にあたる部分はパンチを冷却することで強度を保ちつつ成形を行う。加熱によりワークのフランジ部の変形抵抗を下げることで成形性を向上させるが、金型からの熱伝達による間接的な加熱となるがゆえ加熱時間が長くなり、生産性に大きな課題があった。これに対し近年、瞬時に被加工材を加熱できる通電加熱が高張力鋼板プレスの曲げ加工を中心に採用されてきているが、この加熱法では被加工材全体が加熱される。それゆえに、パンチ肩部にあたる部分の被加工材の強度を保つ必要がある深絞り加工には不適であった。

「そこで考えたのがリング状の加熱コイルを作製することによる高周波誘導加熱の利用。フランジ部の範囲に合わせた形状にコイルを作製し、フランジ部を限定的に加熱できる。このような局所的な加熱が本工法の開発の突破口となった」

この技術は、石崎プレス工業が2015年から3年間かけて、大阪産業技術研究所などと共同研究を行った高速温間深絞り工法の開発プロジェクトの成果。開発チームを率いた石崎泰造専務は、当時をこう振り返る。

▲高速温間深絞り工法の開発メンバー。写真中央が石崎隆造社長、左隣が石崎泰造専務

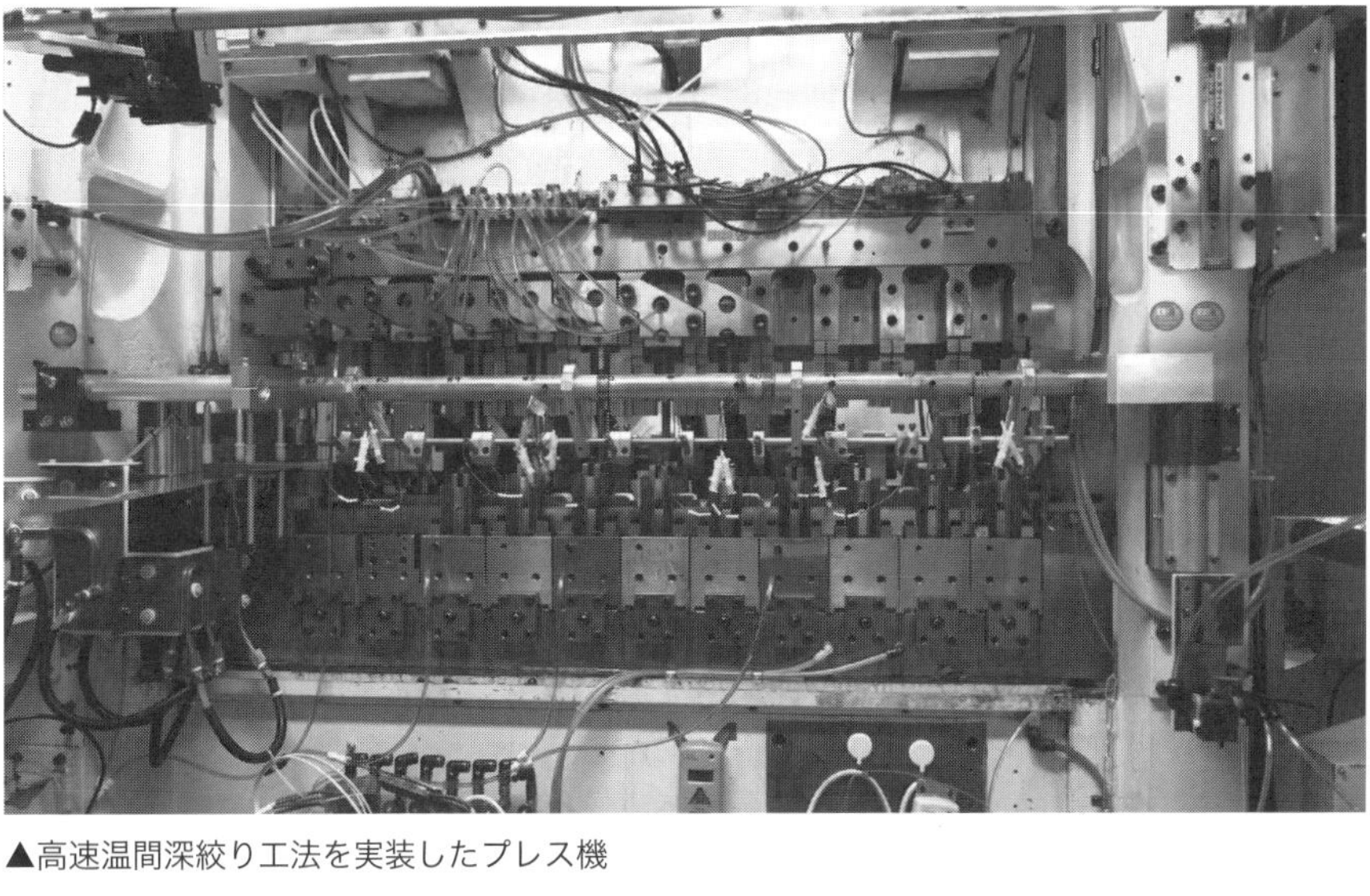

▲高速温間深絞り工法を実装したプレス機

温間深絞り工法の生産性を向上

石崎プレス工業は、電池や電子部品、車載用部品などの製造を手がけるプレス加工メーカー。中でも絞り加工を得意としており、ボタン型電池やリチウムイオン電池などの外装缶の製造で国内外で高いシェアを誇る。絞り加工は成形製品の形状に沿ったダイ（雌型）と圧力を加えるパンチ（雄型）により成形する。製品の形状により円筒絞りや角筒絞り、異形状絞りと呼ばれ、一般的に材料の強度が高く、製品の径に対する深さの比が大きくなるほど加工の難易度が増す。

同社は乾電池の外装缶から深絞り加工を手がけるようになった。当初、外装缶は底面がフラットに近い形状で、正極端子は別部品としてプレス加工され、後工程でこの2部品が溶接されて正極缶として使用されていた。同社はプレスによるこれら2部品の一体成形化に成功した。この乾電池缶で培った深絞り技術により１９９０年代初めに国内電池メーカーがリチウムイオン電池を実用化した際、その立ち上げから同電池缶の加工に参画した。この円筒缶は、高容量化を主目的として側面の胴部を元板厚の半分程度に薄くするが、開口部付近は胴部より板厚を厚くすることが求められ、「差厚しごき」という手法を確立。電池メーカーからの缶に対する技術ニーズの高度化に次々と対応した缶を世に送り出してきた。

冒頭で紹介した高速温間深絞り工法は、経済産業省の「戦略的基盤技術高度化支援事業（サポイン事業、現Ｇｏ-Ｔｅｃｈ事業）」の開発成果。サポイン事業では、実施スキームとして研究機関との連携を求めているが、同社は、過去に研究機関との連携による開発経験はなかった。新たな試みであったが、この実施スキームが好結果につながった。

加工対象となるオーステナイト系ステンレスは高強度・高耐食性を備えており、その深絞り加工品は電子部品や自動車関連部品などで多用されている。ただし加工硬化が大きく、深絞り加工ではフランジ部の変形抵抗の増

▲石崎プレス工業が手がける各種精密プレス部品。いずれも技術難易度が高い

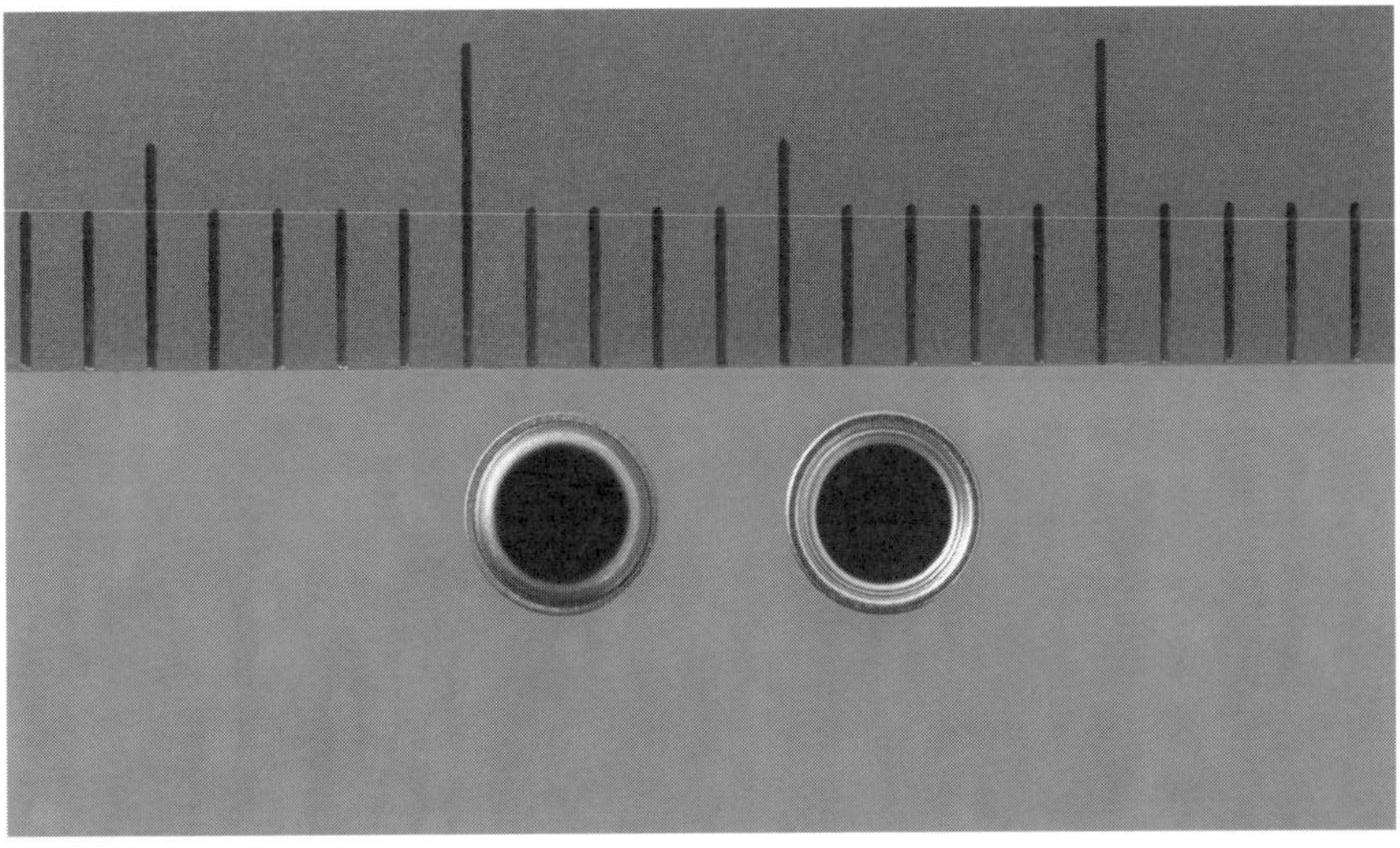

▲ボタン電池負極缶の最小品。石崎プレス工業だからこそ成形できる代表的製品でもある

大が課題となる。その対抗策として採用されているのが温間絞り工法であり、サポイン事業では加熱時間を短くすることで同工法の高速化を目指した。

開発の突破口となったのは、既述の通り、局所的な加熱の実現。高周波誘導加熱の熱源をリング状にし、素材直下に取り付け被加工材を加熱するという、連携先の大阪産業技術研究所の四宮徳章主任研究員の提案が道を拓いた。フランジ部のみを局所的に熱することが可能となり、また、試行錯誤により成形性を向上する温度分布を見出すことで高速温間深絞り工法を確立した。従来の温間絞り工法では1個当たり10―20秒程度の生産性だったのに対し、開発した工法ではわずか1・2秒の連続生産を実現。これが高く評価され、日本塑性加工学会「2020年度技術開発賞（中小企業）」、素形材センター「2021年度素形材産業技術賞奨励賞」それぞれの受賞につながった。

スナップボタン製造で創業、一流の集団へ

石崎プレス工業の創業は1931年。衣服や小物などの留め具で、凹凸一組のボタンを袖口や襟などに縫い付け、「パチン」と押し合わせて留めるスナップボタンの製造でスタートした。1960年代からトランジスタ・ヘッダーなど精密電子機器部品の生産を手がけていた中、クオーツ腕時計向け酸化銀電池の金属ケース生産で飛躍する。「ボタン型電池」「コイン型電池」と呼ばれるこの製品は電卓や体温計、補聴器など様々な用途で利用されており、同形状のキャパシタも含めると、現在も月産2・5億―3億個の生産を手がける。同社の名を知らしめた主力製品だ。

この金属ケースの加工を手がけたのには、いまも生産を続けるスナップボタンの技術が関わっている。スナップボタンの直径は6―14㎜程度。絞り加工により凹型と凸型のボタンを成形すると同時に、凹側にはボタンを留めるバネの役割を果たすワイヤーを固定している。「スナップボタンは開口部を内側にカールしている。酸化銀

石崎プレス工業株式会社／ISHIZAKI PRESS INDUSTRIAL

電池の陰極側の金属ケースは外に折り返す必要があるが、うちならできるだろうと依頼を受けた」。石崎泰造専務は電池分野に進出した経緯をこう明かす。このような極小の金属部品を高精度で成形したり複数工程を集約した金型を設計したりするノウハウは創業時から培ってきたものであり、いまも同社の強みとなっている。

また、金型の設計・製作、プレス加工部品の試作から量産までを社内で一貫して行う生産体制を整えるのも強みである。順送プレス機を150台程度、トランスファープレス機を100台超保有し、生産数量や品質など顧客のニーズに合わせて、これらの工法を使い分けて生産している。そのほか検査機器などを多数備え、高信頼に応えていることも顧客からの信頼につながっている。

同社の石崎隆造社長は経営方針として「一流をめざす」を掲げる。「〝一流〟は、常に成長を志し、努力を続ける事」と社長は説明する。特に「絞り加工は生産設備の優劣のみならず、技術者としての経験と能力で培った数値化できない『暗黙知』が品質を左右する。『これで良し』と現状に満足した瞬間に技術的な進歩は止まる。だからこそ、常に〝一流〟を目指していく」と続ける。

同社工場では、隆造社長と泰造専務の祖父で、創業者の秀之助氏がドイツから輸入したスナップボタンの自動製造設備がいまも稼働している。石崎プレス工業の原点とも言える設備であり、一流を志す起点でもある。そんな一流の集団だからこそ、常に技術を進化し続け、高速温間深絞り加工をはじめとするエポックな工法を生み出せるのだと納得させられた。

Company Profile

■社名：石崎プレス工業株式会社
■代表者：代表取締役社長　石崎　隆造
■所在地：〒664-0842
兵庫県伊丹市森本 1-98-2
■設立：1933 年 1 月

■事業内容：精密金属プレス製品の製造および服飾附属品の製造、精密金属プレス金型の設計・製作
■ URL：http://www.ispress.co.jp/

▲兵庫県伊丹市にある本社

CASE. 010

業界が認めるパンチングプレスのトップ企業

歴史と実績が磨き上げた金網技術と厚い信頼

株式会社奥谷金網製作所

奥谷金網製作所は、各種工業用金網、フィルター加工品およびパンチングメタル（打抜金網）の製造・販売を手がける。「顧客から選ばれる企業」を目指し、創業以来、常に変化する時代のニーズに応じた製品・技術の開発に取り組んでいる。

創業は1895年。現社長・奥谷智彦氏の曽祖父・奥谷儀三郎氏が、淡路島から大阪の金網業者に奉公に出て修行し、「地元の神戸で一旗揚げよう」と創業した。創業当初は手作業により、籠やふるい、杓子などの金物製品の加工を手がけていた。現在も、金網製造という同社の事業はほとんど変わっていないが、特に戦後は工業化の波に乗り、社会インフラ向けの金網製造が、事業において大きなウエイトを占めるようになった。

「我が社は、メッシュ・パンチングメタル・フィルター等の製造・販売を通じて、地球環境維持に貢献が出来る製品を世の中に提供する企業である」。「我が社は、お客さま・仕入先様から選ばれる企業へ」。「我が社は、社員の自己実現を達成する、挑戦空間である」という3つの理念は現在も脈々と引き継がれている。

過去から現在の歴史をPR

「目指せ 業界世界一の技術力」をスローガンに掲げる同社。JR神戸駅前に構える本社社屋には、ショールームのほかミュージアムも併設されており、同社の創業時から現在に至る2000点以上の製品や技術の

▲戦後間もない頃に使用していた加工機と奥谷社長（神戸本社ミュージアムにて）

変遷、128年におよぶ歴史をわかりやすく展示。取引先や顧客など来訪者に対する信頼向上と技術力のPRに一役買っている。

同社が技術力を持つパンチングメタルメーカーへと変身するきっかけとなったのは、67年の明石工場（神戸市西区）の新設だ。そして、70年代後半に汎用打抜プレス機から鋼板をNC化で一気に自動で打ち抜き加工できるタレットパンチプレス機の導入で、さらに品質の高いパンチングメタルの製造が可能となった。「今から約50年前、それまでは外部から仕入れて販売していたパンチングメタルを、自社で製造するようになった。これが技術を磨くターニングポイントの1つだった」。奥谷社長は、こう当時を振り返る。

その後、徐々に設備を拡充し、現在はパンチング素材から加工製品までを一貫して製造できる体制を確立。海外でもアメリカ・シカゴとドイツ・デュッセルドルフに事務所を構え、日本と世界をつなぐ強固なネットワークを構築している。「パンチングメタルではどこにも負けないと自負している」と、奥谷社長は胸を張る。

奥谷社長が同社に入社したのは、21世紀を迎える3年前の1998年。入社後は明石工場で勤務した。バブル経済の崩壊に加え、阪神・淡路大震災後の復興特需からの震災不況も重なり、売上が激減していた。ところが、「私にとってはそれが逆によかったと思っている。できることがたくさんあったからだ」と奥谷社長は振り返る。入社当初は社長の長男という偏見もあり、現場の職人たちから認めてもらえないことも多かったという。

こういった状況を乗り越えるため、現場には誰よりも早く来て、挨拶や掃除を徹底し続けた。奥谷社長は「こういった姿勢が奏功し、徐々に認めてもらえるようになった」と続ける。明石工場で1年半勤務した後、今度は姫路営業所へ移り、金網やパンチングメタルのセールスに従事した。

姫路営業所で勤務していた頃、世間ではインターネットが台頭。これにいち早く着目し、ホームページの開設やコンテンツの充実など、業界に先駆けて取り組んだ。ほかにも国内外の展示会で技術や製品を積極的にアピール。自治体の制度や認定事業も活用するなど、ウェブとリアルの両面で情報発信を進めた。こうした取り組みに

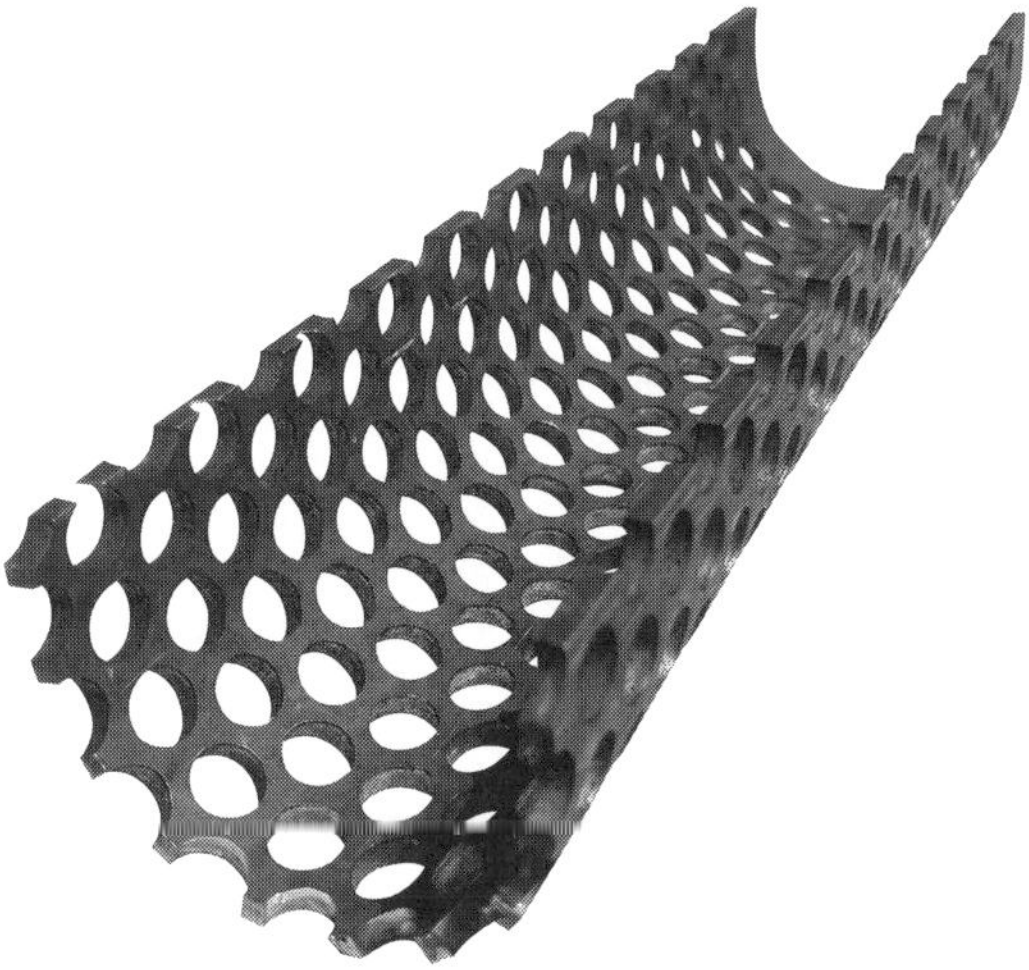

▲各種パンチングメタルの製造で高い評価を得ている
耐摩耗鋼ハルドックスへのパンチング（写真上）と大開孔率パンチング（写真下）

より、既存顧客だけでなく取引実績がなかった大手メーカーや地方の新規顧客からも注文が入るようになり、同社の規模は全国区に成長した。今では新規顧客は毎年増え、これに伴い売上も拡大しているという。

スーパーパンチングの技術開発

パンチングメタル製造以来、半世紀以上、常に技術研さんを重ねてきた同社の強みは「スーパーパンチング」および「超スーパーパンチング」と名づけた独自技術だ。２００９年、ステンレス材にて板厚より小孔径、狭ピッチのプレス加工を実現する「スーパーパンチング」を開発。さらに、18年には「超スーパーパンチング」も開発した。この技術を活用すれば、従来、板厚の70％程度が限界だった孔径が、50％まで可能となる。板厚を維持できるため、フィルターなどの耐久性を向上し、切削やレーザに比べ加工コストの低減にもつながる。

ほかにも、鋼板だけでなくＣＦＲＴＰ（熱可塑性炭素繊維強化プラスチック）など樹脂へのパンチング技術の高度化も進めており、今後はこの技術を活用して、原子力プラント向けや水処理プラント向けなど地球環境保全に貢献する製品を提供する。さらなる用途拡大を宇宙空間へも目指す考えだ。併せて、地球環境維持への貢献は同社の経営理念の１つであり、この技術を核に25年には環境マネジメントシステムに関する国際規格「ＩＳＯ１４００１」の認証取得を目指している。

スーパーパンチングの開発を本格化させたきっかけは、海外のパンチングプレス機メーカーやパンチングメタルメーカーの驚嘆した反応だった。「06年にドイツ・ハノーバで開催された板金加工業界の専門展『ユーロブレッヒ』を訪れた。当社が手がけた鉄製パンチングメタルの試作品を持ち込み、パンチングメタルメーカーに尋ねて回ったところ、『アメイジング！』と高く評価いただいた。この技術は通用するかも知れない」。当時、奥谷社長はこう感じたと振り返る。また、「当時、当社の設備は決して新しいものではなかった。それでも、金型や加工法を工夫することで他社にはできない技術を生み出せる。技術を高めることの大切さを改めて感じ、同時に、設備更新の重要性も知った」と続ける。

世界に通用する人材を育成

オンリーワン・ナンバーワン企業を目指す同社は、人材育成にも重きを置く。「世界に通用する人材」の輩出を目指し、プロフェッショナル人材の育成に力を注いでいる。「社員一人ひとりが誇りと自信を持てる会社」になることを目標に、特に社員研修には年間約1000万円以上の費用を投じている。仕事に対する考え方や、意識の変革を促すのが目的だ。

社員研修では全社員を4チームに分け、各チームが年4回のスケジュールでそれぞれ研修会を開いている。外部から講師を招き、毎年テーマを変えて実施。技術研修や役職者研修など、多様な内容で展開している。掲げる目標の達成には、社員の意識改革とベクトル合わせが何より重要だと考えるからだ。

また、人材育成と並行して職場環境の改善も進めている。本社管理部の業務室を、より働きやすいよう開放的にリニューアル。本社管理部の人員体制を現在の4名から今後は6名に増員する考えである。加えて、明石第二工場も改装した。老朽化したスレート屋根・外壁に遮熱・断熱・高耐久化コーティングを施すことで、エアコンを使わずに、同工場内の温度を約5℃も低減。空調に係るコストを削減した。

人材育成と職場環境改善を推進し、世界でのオンリーワン・ナンバーワン企業を目指す。

Company Profile

■社名：株式会社奥谷金網製作所
■代表者：代表取締役　奥谷 智彦
■所在地：〒650-0025
神戸市中央区相生町 4-5-5
■創業：1895 年 5 月

■事業内容：総合金網・パンチングメタルの製造・販売
■ URL：https://www.okutanikanaami.co.jp/

▲同社の代表的な製品例。超スーパーパンチング（写真右）と二相ステンレス鋼ストレーナー（写真左）

CASE.011

金型メンテナンス事業「金型のお医者さん」で厚い信頼

リアルタイム欠陥検出システムなど金型工学を極める

株式会社小西金型工学

プレス金型は、凸凹の上下一対の構造の間に素材を送りプレスすることで、自動車部品など各種製品を製造する。各種製品の高度化に伴いプレス金型の複雑かつ高度化が進展しており、同時に、メンテナンス性や作業性の向上、長寿命化も要求されている。

こうした課題に、半世紀以上にわたり応えているのが、プレス金型一筋の小西金型工学である。また、訳ありで生産できない、製作者不明(ヨソ型)の金型の修繕や改造を引き受けて金型を元の状態や、それ以上に治す「金型のお医者さん」(2021年商標登録)も展開し、各方面で厚い信頼を得ている。

金型の作業性向上と長寿命化を追求

小西金型工学が手がけるプレス金型は、通常の金型寿命が3年程度に対し、10―15年程度を誇る。25年間使用した金型であっても修繕することで、さらに25年使えるようにする。構造がシンプルため組立性・分解性に優れ、かつメンテナンス性にも優れる。

過去には、更衣室のロッカーを6工程から1工程に短縮した金型を開発。1工程で3辺の複雑な曲げ加工を行い、カムがまるで手の指が金型内に入っているかのような複雑な動きを見せる。この技術は、2012年に経済産業省「ものづくり日本大賞」を受賞した。また、手作業に頼っていたデザインパイプイスの背もたれ部の曲がったパイプを、1工

▲親子二代で高度な金型技術をつくり上げた。写真左は小西社長、中央は小西会長

程の複数の曲げで成形する金型技術で量産化を実現。家具メーカーから「小西金型工学しかできない」と言わしめた。これまでに手がけた金型は累計1万点以上に及ぶ。この実績は同社の財産として「金型バンク」で蓄積されている。

業種に特化する金型メーカーが多い中、同社は自動車や家電、医療など幅広い業種の金型に挑むことでオンリーワンの技術を磨いている。創業者で、小西修史社長の父に当たる小西智實雄会長は、作業性の良い金型など現場に気に入ってもらえることを追求し、金型技術を極めてきた。社名の小西金型工学には「工学」と冠しているが、名は体を表し、中小企業ながら研究開発にも熱心だ。現在、大学院で機械工学を専攻する次男の遥大氏も近く入社予定で、すでに研究開発部で産学連携を担当するなど次代の研究開発を見すえている。

「コーニシュ」や「金型バンク」などブランド化

小西金型工学ではブランディングに熱心なことでも知られる。独自製法による金型技術全般の総合した「CORNICHE（コーニシュ）」はその1つ。

きっかけは、2008年秋のリーマン・ショック。大手企業の海外進出などに伴い仕事が激減し、金型会社の廃業が相次いでいた。そこで、打ち出したのが知財戦略の一環としてのブランディングであり、「価値を売る会社を目指した」と小西社長は振り返る。その一環で、各種表彰制度に挑戦し、09年に「大阪ものづくり日本大賞」を受賞。11年と20年には、ブランド化と研究開発力の両立を見すえ「サポイン（現Go-Tech）事業」（経済産業省）に応募し、採択に至っている。

11年のサポインでは近畿大学との連携により、汎用金属プレス機でのCFRTP（熱可塑性炭素繊維強化プラスチック）加熱プレス加工技術を開発。各方面で同社の技術力を知らしめた。また、「関西ものづくり新撰」（近畿経済産業局）に選定された、金型加工と複数工程などを1工程に集約した金型技術は「新ハイブリッド」と命

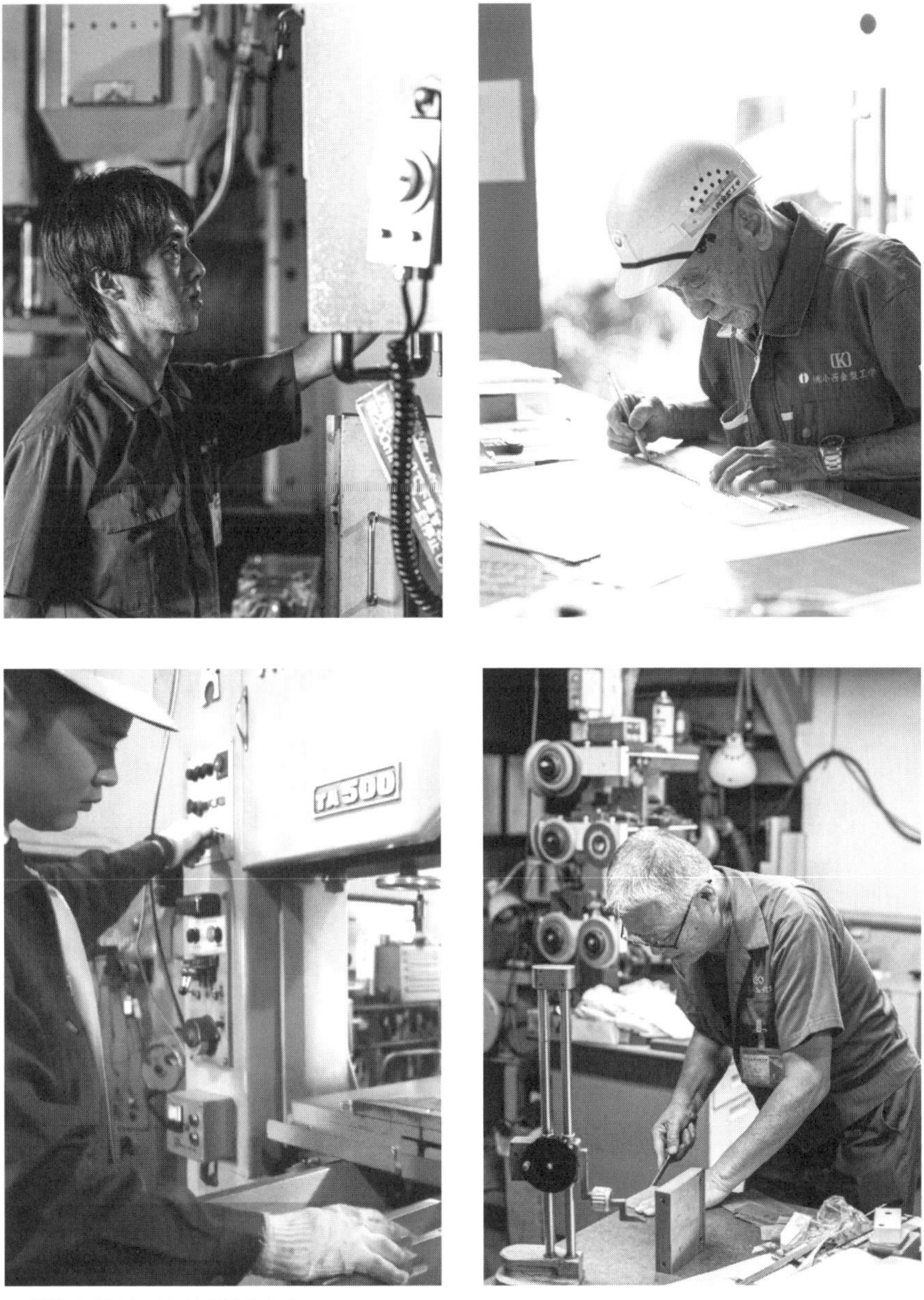

▲熟練者業が同社金型製作を支える

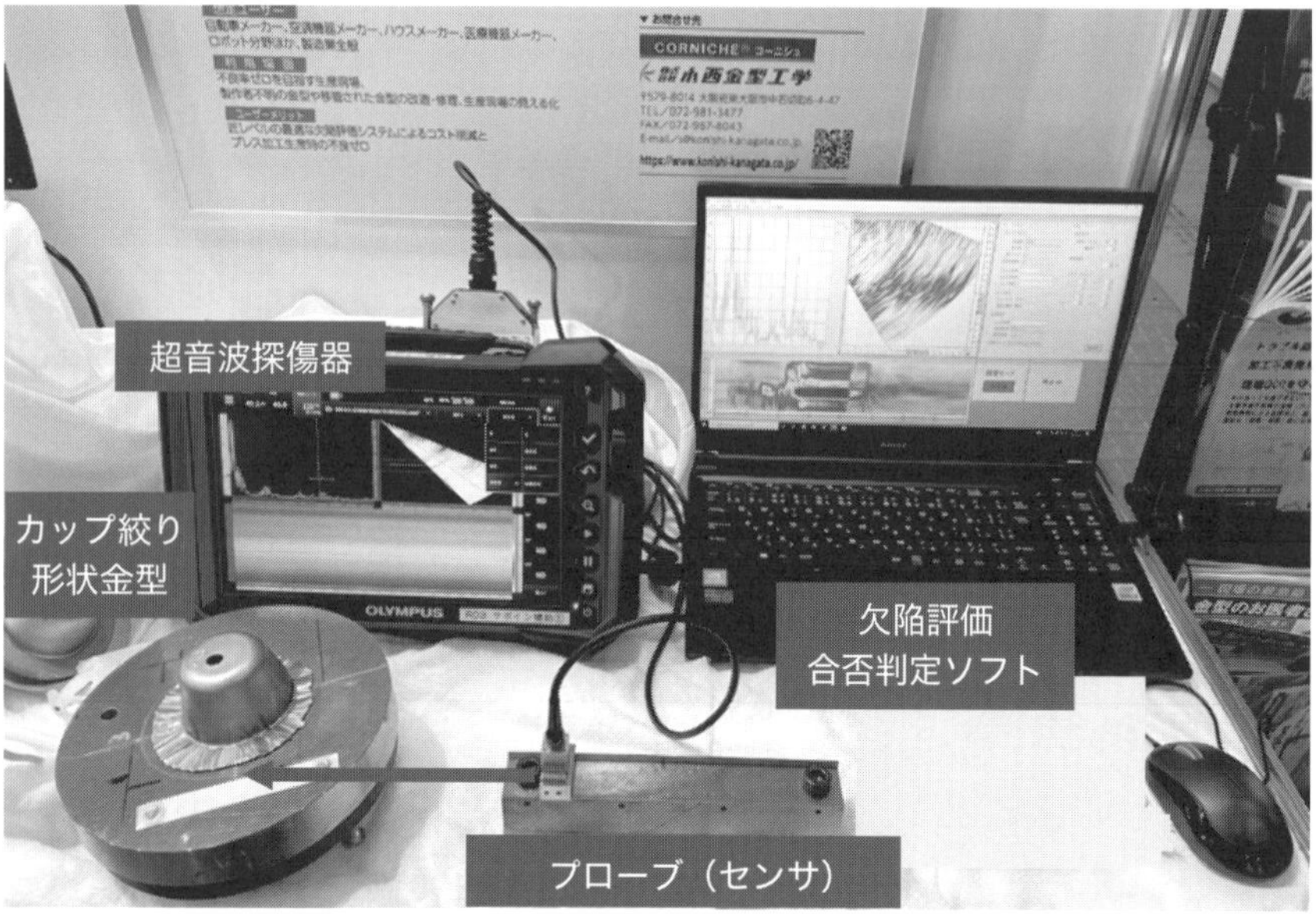

▲連続プレス加工時リアルタイム欠陥検出システム

名。同社の認知度の向上につながっている。

金型バンク×コーニッシュセンサで成長

現在、注力しているのが、20年採択のサポイン事業を通じて開発した金型搭載型センサシステム「コーニッシュセンサ」である。業界初となる連続プレス加工時リアルタイム欠陥検出システムであり、２０２３年４月に発売する。

超音波センサ（非破壊検査）により成形時のしわや割れなどの発生を連続的にセンシングし、不良品の発生を最小化できるのが特徴。欠陥部位に最少のセンサを設置するのみで利用することができ、現場での使い勝手にも優れる。

順送金型で製品不良が発生すると、すぐに機械を停止することができず、大量の不良の発生を招くが、コーニッシュセンサを使えば回避できる。早期に病気（不良）を検出するという点で、超音波エコー検診と同様の役割を果たすと言えよう。また、大量の金型メンテナンス情報を格納した金型バンクを保有する同社ならではの技術であり、同業他社ではなし得ない。

展示会などでの来場者の反応も上々で、「自動車に限定せず、製造業全般で関心が高い」と話す小西社長は、発売前からコーニッシュセンサの販売に自信を深めている。2022年秋に先行発売した、金型を応急修理できる「金型のお医者さんキット」も好評で、16点の修理工具による構成で顧客から支持されている。

小西金型工学は、中古プレス金型や製作者不明の金型（ヨソ型）などの「中古金型市場オンリーワン」を掲げている。ここ数年、製造業においてもサーキュラーエコノミー（循環型経済社会）の一環として、投入した原材料や製品を、その価値をできる限り高く保ったまま循環させ続ける活動が取り組まれている。「新しい金型を製造する時代から既存の金型を利用し、生産・寿命を延ばしていく時代に変わっている」と話す小西社長。同社が掲げる目標は、この時流を正確に捉えたものと言えよう。

ものづくり企業にとって金型は重要な資産であり、廃棄することが難しく、メンテナンスを必要とするものが増大している。同社の取り組みは年々、その重要性を増していると言え、金型バンクを背景とした金型メンテナンス事業と、コーニッシュセンサに代表される研究開発力で金型業界のリーディングカンパニーを目指す。

Company Profile

■社名：株式会社小西金型工学
■代表者：代表取締役　小西修史
■所在地：〒579-8014
大阪府東大阪市中石切町 6-4-47
■設立：1968 年 10 月

■事業内容：プレス金型設計・製作、金型を軸とした研究開発（CFRTP 成形、センサ）
■ URL：https://www.konishi-kanagata.co.jp/

▲製造業が集積する東大阪市で同社の存在感は高い

CASE. 012

4輪自動車用ドグミッションの一貫生産を担う国内唯一の専門メーカー

3万回転超の次世代減速機にも挑戦！

株式会社繁原製作所

ドグミッションとは、ギヤを噛み合わせる際にギヤ同士をドグにより直接つなげるミッションを指す。通常のマニュアルミッションではシンクロメッシュという機能があり、ギヤチェンジをする際、ギヤ同士の回転数を合わせる仕組みを持つ。一方、ドグミッションではシンクロメッシュなどの回転数を合わせる機構がないため強度と信頼性が向上する利点があり、コンマ数秒を競うモータースポーツ界で威力を発揮する。

このドグミッションを国内で唯一、設計から製造まで手がけるのが繁原製作所。同社が供給する歯車部品は、全日本ラリー選手権に出場するレース車で多数採用されている。２０２１年はトヨタ86／スバルＢＲＺ用6速ミッションを開発し、全日本ラリー選手権向けトヨタ・ヤリスのドグミッションを手がけた。

ドグミッション技術を確立する過程で高精度の歯車加工技術に加え、耳にすら聞こえないレベルにまで音を低減する歯車修正技術を磨き上げてきた。２００8年秋のリーマン・ショックを機にＥＶ（電気自動車）向け減速機にも参入し、ＥＶに最適な多段減速機の開発にも取り組んだ。いまでは国内でのドグミッションの開発で業界トップの地位を確保したが、次の成長を見すえ3万回転超の次世代減速機の開発にも着手。歯車・変速機の専門メーカーとして挑戦し続けている。

▲同社の技術を集約した6速ドグミッション

▲繁原製作所のEV用減速機を搭載したEVダイハツミラ

圧倒的な開発経験と技術力で顧客に寄り添う

「できないができるに――」

「顧客からの難題に対し頭をひねり、汗をかく」

この信念のもと、3代目の繁原秀孝会長と2020年に就任した4代目の長男の秀和社長が先頭に立ち、何度でも「できる」を体現してきた。顧客が技術的難題にぶち当たり、あきらめたときに最善策で持ってサポートし、寄り添ってきた。小ロットの歯車にかかる圧倒的な開発経験と技術力が、このような細やかな対応と様々な工法の提案、すなわち、同社の言う「無限の打つ手」につながっている。

また、顧客の課題に応えるため設備投資に注力している。複合加工機やワイヤ放電加工機、歯車研削盤などの各研削盤、ギヤ加工工程設備など約100台を備える。自社で3Dモデルデータを作成し、これらの保有設備により3Dモデルデータ通りに高精度に削り出す。

このような設備投資は受注ありきで行っているわけではない。繁原社長は「顧客に困り事を相談されるまでに準備をしっかりしておくため」とし、他社では真似できない先行投資を果敢に続けてきた。2002年に関西圏でいち早く導入したオークマ製複合加工機「MACTURN（マックターン）」はその一例で、これによりチタン製クラッチ部品の3次元での複雑形状加工に対応した。顧客に寄り添う姿勢があればこそ、なし得た準備と言えよう。

最新の歯研機や検査機を内製化

繁原製作所は、1968年に秀和社長の祖父に当たる秀男氏が大阪市鶴見区で部品加工会社として創業した。94年にレースパーツ部品の開発に進出し、動力伝達装置のビスカスカップリング（高粘度シリコーンオイルのせ

▲「無限の打つ手」で顧客から信頼される繁原社長

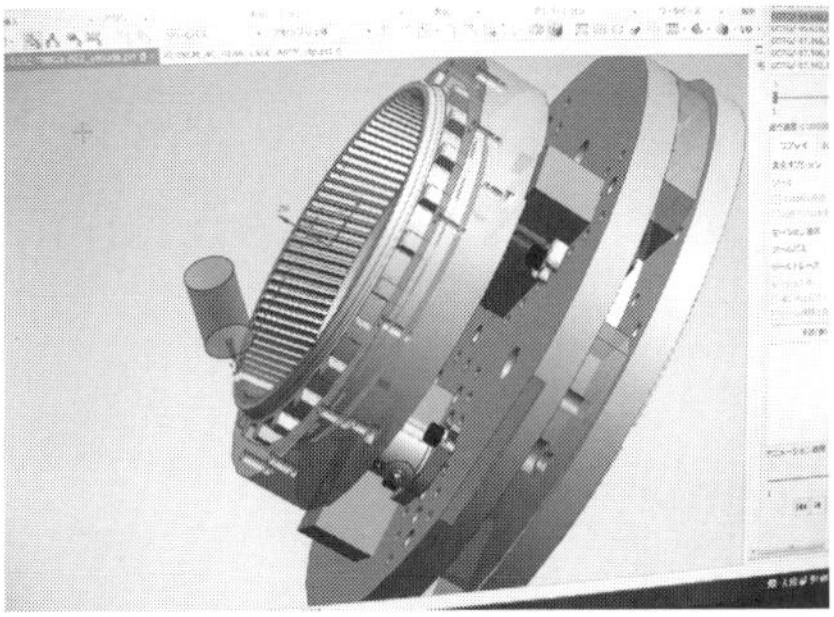

▲3DCADによる設計技術も評価されている

▲同社生産設備は高精度な歯車研削加工に対応する

▲高度な技術者による測定技術が同社の品質を支える

ん断抵抗を利用した流体クラッチの一種）で数件の特許を出願。ミッション内のトルク調整に役立てた。その後、2000年にはヤマハ発動機との取引開始に当たり、コンロッド部品の小ロット加工工場を整備。同時に、ワイヤ放電加工機やマシニングセンタ（ＭＣ）、研磨機の内製を始めた。このような1社単独での短納期対応を可能にする体制への変更によりコンロッド部品の受注が拡大。04年にはロードレース世界選手権「ＭｏｔｏＧＰ」のレース車向けチタン製クラッチの採用につながった。さらには、コンロッド加工技術を最高峰のバイクレースのバイク部品の製造に役立て、売上の急拡大につながった。

ところが、08年秋のリーマン・ショックで状況が激変する。当時、多くの製造業がそうであったように同社も受注が激減したが、設備投資をした直後だっただけに、なおさら痛手となった。07年に、呼び戻されるかたちで同社に移籍した繁原社長は、受注が残っていたトヨタの「レクサスＬＦＡ」のギヤ部品の供給に活路を見出す。「トヨタからの要求は大変厳しかったが、他に仕事はなく、とにかく食らいついた」と振り返る繁原社長。その要求とは、人の耳に聞こえないレベルで歯車から発生する高周波域の異音の低減。ギヤの接触による形状変形に対しミクロン単位の歯形の調整が求められた。解析ソフトによる検証や設備の追加などで対応し、この難題に応えてみせた。この成果は、歯車精度ＪＩＳ0級（ＪＩＳ Ｂ 1702：1976）を超える精度管理の構築に役立った。

一方、リーマン・ショックの影響により停滞していたレース車用部品の供給も、コンバートＥＶの減速機の製作依頼で再び動き出した。もともと単品の歯車製作であれば2週間程度で納品できるノウハウを有しており、設計から製作、組立、車両への取付までをわずか3週間で仕上げた。このような迅速な対応はレース関係者からの信頼獲得につながり、現在の地位につながっている。

業界初の3万回転超の大型減速機に挑む

繁原製作所が供給するＥＶ用減速機は、ＥＶダイハツミラ、ＥＶトヨタ86で採用され、「全日本電気自動車グランプリ」では、２０１４年から16年にかけて３連覇を達成した。〝静音のメイドインジャパン製〟として国内外のレース用ＥＶ車で採用が広まりつつある。静音という特徴は、すなわち振動の発生が少なく回転効率が高いということであり、特に海外での高い評価につながっている。

これまで約10年周期で新たな試みをしてきた繁原製作所。最近、着手したのが大手減速機メーカーと取り組む、業界初となる３万回転超の大型減速機の共同開発である。共同特許である軸受技術を役立てる計画で、軸受や歯車に特殊な表面処理を行うことにより高速回転でも円滑な潤滑を可能にする。安定駆動を可能にする画期的な技術だ。

また、２０２３年には自動車メーカーのエンジンやトランスミッションの開発を手がけた設計者などを迎え、設計事業部を新設した。ギヤボックスの開発を一貫して手がけるのが狙いで、従来の歯車など単品中心の供給から試作ユニットの開発応援・減速機の開発製造会社に生まれ変わる」と繁原社長は力を込める。同時に「顧客の量産体制の立ち上げサポートの領域まで手がけたい」と繁原会長は話す。

繁原会長・社長の親子が先頭に立ち、「できないができるに」を実現してきた。これからも「無限の打ち手」で顧客の期待に応えていく。

Company Profile

■社名：株式会社繁原製作所
■代表者：代表取締役　繁原秀和
■所在地：〒578-0973
大阪府東大阪市東鴻池町 5-2-7
■設立：1981 年 3 月
■事業内容：小ロットの歯車や変速機・減速機の設計製作
■ URL：https://www.shigehara.co.jp/

▲トヨタ86EVに改造し、同社製減速機を搭載

CASE.013

豊富な旬の技術ネタを提供し顧客の心を掴む

大阪・関西万博へ企業連携で技術発信を目指す

株式会社新日本テック

新日本テックは超精密金型や特注金型部品などの微細精密加工を手がける。取引先の業種は電子部品や自動車、光学機器、医療機器など多岐にわたる。

和泉康夫社長がポリシーに掲げるのが旬のネタを鮮度良く元気に提供する「寿司屋型ものづくり企業」。「お客さんが困ったときにいつでも提案できるよう、（技術の）ネタを増やしておくのが大事」と言う。金型や部品の受注に留まらず、自社製品の開発や企業の困りごと解決に向けた技術提案などを積極的に行い、顧客の心を掴んでいる。

２００８年に大阪府の経営革新計画に初めて挑戦し、17年には府より「経営革新計画達成企業」として証書を交付された。計画をマイルストーンに開発した極薄のフッ素被膜「ＳＮフッ素コート」は１㎛以下と極薄のフッ素被膜を金属やガラス、プラスチックなどの表面に形成し、コーティングできる素材の幅が広い。金型加工にとどまらず、未経験の分野へも積極的に挑戦し新事業を進めることで製品の幅を広げている。

また、15年の〝超〟モノづくり部品大賞に選ばれた自社製品「遮熱ハット」は金型と成形機ノズルを遮熱・断熱し、熱による樹脂材料の糸引きや金型の熱だまりを軽減。成形機ノズルの消費電力量を22・４％削減するなど、省エネにも役立つ商材として注目を集めた。

近年は企業連携にも力を入れ、10年には大阪のものづくり中小企業経営者らとの共同出資による製造業のブランディング企業「大阪ケイオス

▲機能性金型部品の提供で同社を各方面から注目される存在にした和泉社長

（大阪市鶴見区）」を立ち上げた。活動の透明性を確保するため株式会社の形態をとり、1社ではできない共同受注や人材育成などを協力して行っている。

ファスナー屋から提案型企業へ

新日本テックは、スライドファスナーの製造業として和泉社長の祖父が1953年に設立。父の代になってからはファスナー製造で培った微細加工技術を生かし、金型部品の製作に軸足を移した。和泉社長自身は大手メーカーに就職し、機械設計を担当していたが、父の体調不良をきっかけに家業を手伝うようになった。

当時、新日本テックの高度な微細加工技術を目の当たりにした和泉社長は「こんなにすごい技術があるのに、（中小企業では）発信が難しい」状況に歯がゆさを感じたという。「入社してまず、（社員に）得意な加工を施した製品を机に並べてもらった。つくった本人の説明を聞くと、0・1㎜幅の溝加工技術などのノウハウを熱く語ってくれた」という。こうした高度な技術を広く発信するために考え付いたのが「寿司屋型ものづくり企業」である。

新製品の図面が集まる金型部品づくりは「次世代ものづくりのニーズがわかる仕事」と話す和泉社長。最新の社会動向と長年の技術の蓄積をかけ合わせた技術提案は評判となり、微細加工に関する相談や問い合わせが格段に増えた。同時に、顧客の要望に応え続けることで、「ひと味違う金型屋」と言わしめる技術提案につながっている。その1つが、カス上がりを防止するレーザ加工技術。プレス加工時のカス上がりは、製品不良や金型の損傷などの原因となるため、いまも永遠の課題として、多くの生産技術担当者を悩ませている。パンチとダイのクリアランスの適正化を図るといった試行錯誤がなされている。同技術による「カス上がり対策ダイ」として提供した製品は高く評価され、「平成24年ものづくり日本大賞」（経済産業省）の製造・生産プロセス部門で優秀賞の受賞につながっている。

また、ダイヤモンド金型部品も、その代表例である。プレス金型の刃先部に焼結ダイヤモンドを使用し、耐久

▲金型メンテナンスコストの低減に寄与するダイヤモンド金型部品

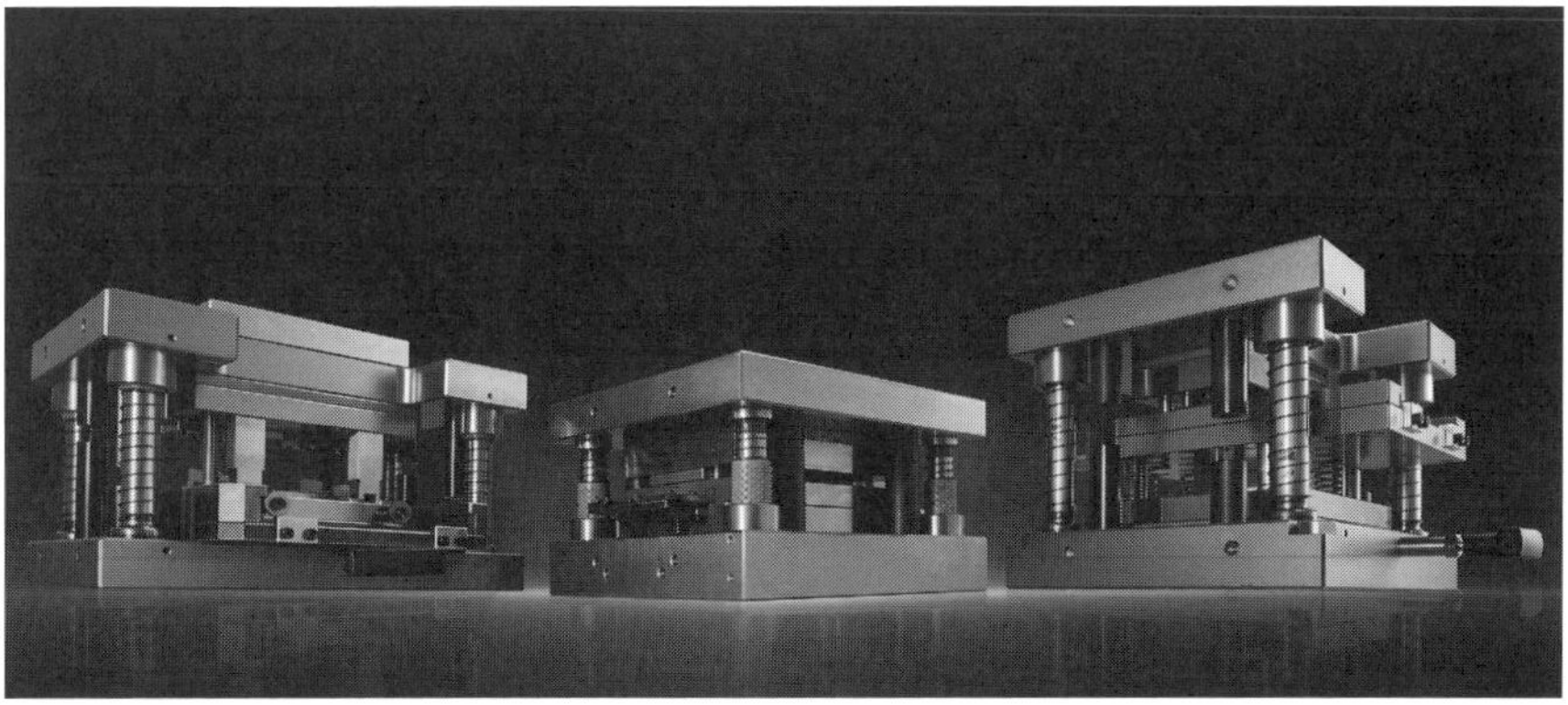

▲同社技術の適用により金型の長寿命化が可能となる

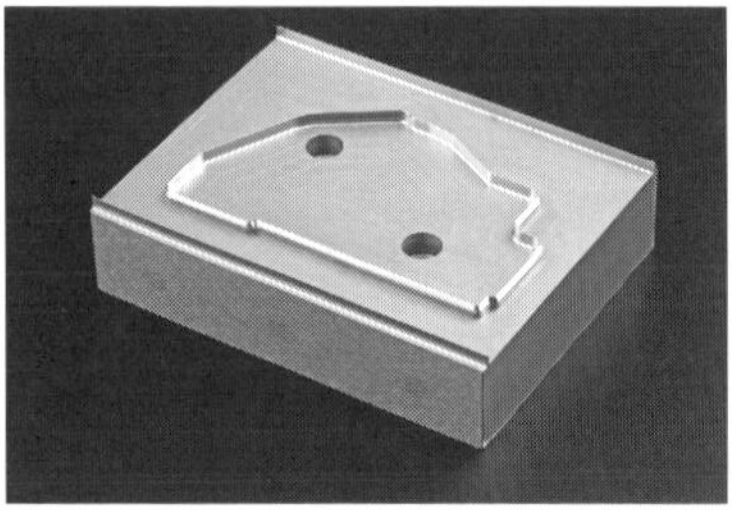

▲一体形トムソンパンチ

▲射出成形の不良防止につながる遮熱ハットは人気商品の1つ

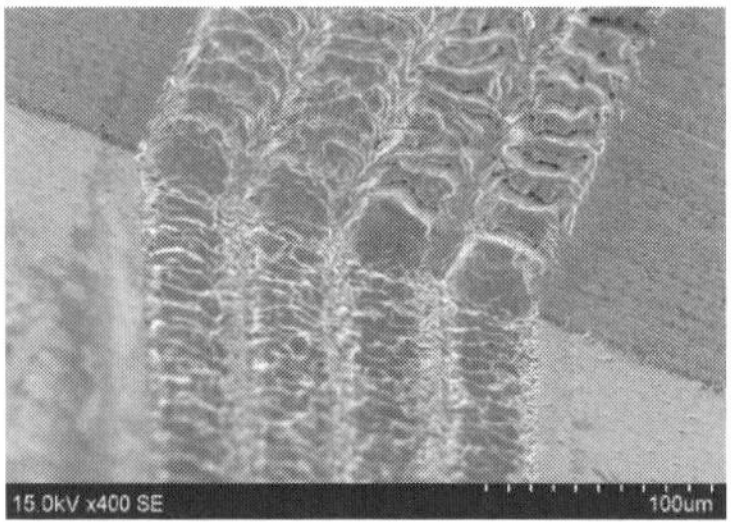

▲レーザ加工の拡大写真

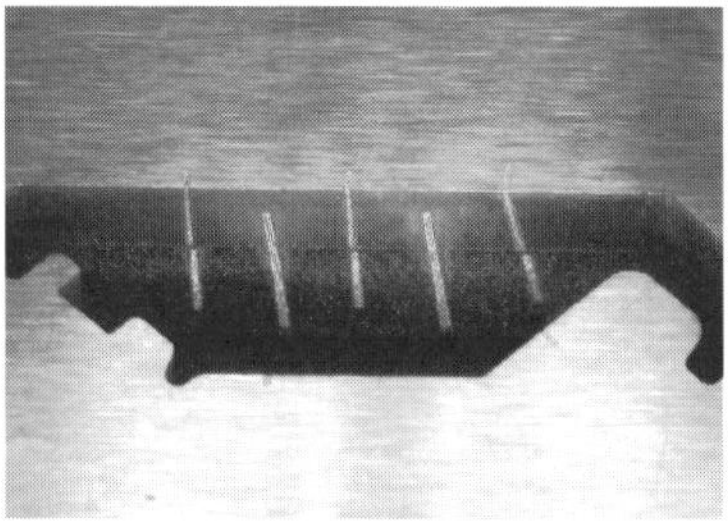

▲カス上がり防止レーザ加工

性を高めたのが特徴で、超硬合金に比し50倍超の長寿命を可能にした。同時に、金型切刃の大幅な長寿命化により製品品質の安定に加え、メンテナンス工数の大幅な低減といった効果が得られる。ステンレスのプレス加工においては焼付きの発生を抑える効果もあり、「金型泣かせ」とされるコルソン銅などの加工でも威力を発揮する。同社では、このような技術提案製品を「機能性金型部品」と称し、様々な分野に展開している。

「仕事には顧客様の仕様に応える『リクエスト』と、ものづくりの課題自体を解決する『ニーズ』の2種類がある」と話す和泉社長。「寿司屋さんに新鮮なネタがあればおいしい魚料理が提供できるのと同じように、最先端の技術や情報を集めることで提案の幅も広がる」と説く。ここに同社が持続的に技術提案できる秘訣がある。

ニーズにより一層応えられるよう産学連携にも積極的に挑戦しており、「深化と探索の『両利きの経営』を進めていきたい」と和泉社長は力を込める。

2025年に向け万博へ企業のものがたりを発信

和泉社長が代表を務める大阪ケイオスでは製品受注をはじめ、社員研修を構成企業が合同で行う。「働き方改革により加工を外部委託する大手企業が増えた。中小企業同士のネットワークを拡大・増強することで工程集約型発注に対応し、ものづくりをスピードアップさせる」のが狙い。挑戦に前向きな参加企業に声をかけ、製造だけでなく建築、デザイン、小売りなど結果的に業種もバランス良く集まった。

2019年に始めた新入社員向けの「ブートアップ研修」では各社の若手社員がホスト役となり、自社の工場や製品を紹介。また、営業ツールとして各社の技術や魅力をそれぞれ1分半で紹介する動画作成の取り組みも始めた。こうした活動は「自分の会社が何をやっているか知らないとできない」ため、自社の歴史や技術について社員が理解を深める人材育成の場ともなっている。

「大阪は駅前商店街のように、様々な企業が専門分野に特化し技術を深めて連携してきた。ものづくりの産業集積地が大阪東部にはあるとたくさんの人に知ってもらいたい」と語る和泉社長。今後は25年の大阪・関西万博へ向け、動画紹介などで大阪ケイオスのプラットフォームとしての魅力向上に力を入れる。

「どの会社にもものがたりがあり、製品は変われど、技術は連綿と続いてきた。各社の歴史や技術、ものがたりを千夜一夜物語のようにつなぎ、『なにわのアラビアンナイト』として中小の街・大阪をアピールしたい」と力を込める。

Company Profile

■社名：株式会社新日本テック
■代表者：代表取締役社長　和泉康夫氏
■住所：〒538-0035
　大阪市鶴見区浜2-2-81
■設立：1953年

■事業内容：超精密金型部品加工、機能性金型部品開発
■URL：https://www.sntec.com

▲撥水・撥油・非粘着が求められる刃物や部品の表面に適した「SNフッ素コート」

CASE.014

絶対に緩まないねじで社会基盤を支える

創業者が掲げる「利他の精神」で製品開発

ハードロック工業株式会社

絶対に緩まないねじ「ハードロックナット（以下、ＨＬＮ）」をはじめ、ねじ製品を開発・製造・販売するのがハードロック工業だ。「アイデアの開発を通じ、緩まないねじをもって安全・安心を提供し社会に貢献する」という社会的使命を携え、鉄道や道路、橋梁、鉄塔などのインフラ設備を支える。同時に、国土強靱化に大きく寄与している。

現在もＨＬＮは、建築・土木や鉄道、自動車、船舶といった幅広い業界で約３０００種類、年２５００万個以上が使われている。日本や台湾、中国などの新幹線車両、軌道箇所で使われるＨＬＮは鉄道の安全・安心な運行を支える。東京の新たなランドマークとなった東京スカイツリー（東京都墨田区）や本州と淡路島をつなぐ明石海峡大橋にも採用されている。こうした実績はインフラの安全を担う「世界最強のナット」を示す証左でもある。

ハードロック工業を創業したのが若林克彦会長だ。大阪工業大学在籍時から数々のアイデア商品を開発してきた「ナニワの発明王」のニックネームを持ち、ＨＬＮを開発・製造・販売した１９７４年に同社を設立した。「緩まないねじといえばハードロック」という信頼を各種業界から得ている。

若林会長が基本理念に掲げるのが「利他の精神」。これは「顧客が喜ぶ良い製品をつくれば、必ず自らに利は戻ってくる。たらいの水と同じで真ん中から外側に水を押せば波となって利は戻ってくる」という理論である。利他の精神を遂行するために、目に見えない代表的な悪い心癖（頑固、執着、怠惰、偽り、諦め、愚か、慢心）を日々取り除く努力を

▲絶対に緩まないねじ「ハードロックナット」の開発者であり創業者の若林会長

しなければならないという。「SUJ（素直に、受け入れ、実行する）」が重要であると若林会長は説く。

2023年は、社内スローガンに「深掘りで因（もと）を正す」を掲げている。うまくいかないことがあれば、その原因を深掘りし、それを正していく意が込められている。これにより自らの愚かさを受け止めて謙虚さが生まれ、顧客をはじめとする相手のお役に立つという「利他の精神」に目覚めていけるということだ。利他の精神は若林会長の実体験が生かされている。こうした考え方を携えて土台にして身に付けることで、うまくいかないときの原因究明から大いに役立つとする。

緩まないねじは神社の鳥居に発想

ハードロック工業と若林会長の代名詞でもあるHLN。これは、ねじは緩むという概念を覆した製品でもある。開発で得たヒントは神社の鳥居に打ち込まれたくさびだった。鳥居からボルトとナットのねじの隙間にくさびを挿入するアイデアを得たからだ。締め付ける凸ナットと、ロックする凹ナットの2種類のナットにより、一方を偏心させることでくさびの効果を発生させる仕組みで、これによってボルト・ナットのねじ部分のガタが解消され、ボルトと一体化する。こうしたハードロック工業の唯一無二の技術をHLNに搭載し、顧客からの要望に応え続けることで販売実績を伸ばしている。

若林会長は大阪工業大卒業後にバルブメーカーに就職し、設計技師として勤務していた際、最初の緩み止めナット「Uナット」を開発していた。同メーカーを退社してUナットの事業を譲渡した後の74年、絶対に緩まないHLNの開発と同時にハードロック工業を設立している。

設立当初は、若林会長が手がけた焦げ付きにくいタマゴ焼きの実演販売で資金調達をするなどHLNの販売に苦戦を強いられた。転機となったのはターゲットを鉄道業界に絞り込んだこと。車両や軌道に使われるねじの緩みが解消されることは保守点検にかかる作業負担の大幅な軽減につながる。こうした方向転換は成果として反映

▲生産現場で指導に当たる若林会長。モノづくりへの情熱は創業時から変わらない

▲若林会長は社内での教育活動にも精力的に取り組む

された。新幹線の防音壁や関西私鉄の脱線防止用ガードレールなどで受注を獲得できたからだ。87年の国鉄民営化後には鉄道総合技術研究所の試験で好成績を上げて新幹線の車両にも採用された。16両ある新幹線1編成につき、2万個以上のHLNが使われている。

鉄道では、ねじの緩みは事故を招く要因にもなる。英国で2001年に発生した列車脱線事故ではポイントに付けられているナットの緩みが原因だった。これらの事故を機に、英国鉄道会社はHLNの採用を決めている。何より最優先で必要な安全・安心の鉄道運行に向けて、「絶対に緩まないねじ」であるHLNが評価されたことは言うまでもないだろう。英国以外の海外でも納入実績が増えていることは、HLNが、多くの国の鉄道業界はじめ他の様々な業界からも信頼を得ている証左だ。現在、鉄道業界向けの製品はハードロック工業の売上全体の約3割を占める大きな柱に成長を遂げている。

HLNの高い信頼と評価をもとに、国内外で売上を伸ばしているハードロック工業。1974年の同社設立時からけん引してきた若林会長が掲げる基本理念と技術は、全社的にも継承していく必要がある。現在は若林雅彦社長が経営改革を加速させている。まずは納期と品質管理の徹底に着手した。機械加工から金型鍛造生産に切り替え、小径サイズのねじの量産体制を確立している。業務効率化や管理技術も導入し、外部人材も積極採用することで品質と技術レベルの底上げにつなげている。

航空宇宙産業の品質保証規格も取得

2022年度後期に放送されたNHK連続テレビ小説「舞いあがれ!」は、全国的にモノづくりの街として知られる大阪府東大阪市がおもな舞台となり、主人公が東大阪市のねじ会社で奮闘する姿が描かれた。「舞いあがれ!」に登場した中小ねじ工場が航空機用ねじづくりを目指す場面について若林会長は「大きな夢の実現に向けて取り組む姿は当社とも重なる。当社も十数年前に世界最高峰の航空宇宙産業の品質保証規格『JISQ910

0』を認証取得した。大変な取り組みだった」と話す。人工衛星での採用実績もあるが、今後は航空機産業でも使われることを目指す。25年には大阪・関西万博の開催も控える。万博では東大阪市などの官や経済団体のブースで中小企業の製品も出展される予定で、ハードロック工業もHLNなどの製品や技術を披露したい考えだ。東大阪発のモノづくり力を世界に示す好機となりそうだ。

今後に向け、DX（デジタルトランスフォーメーション）化の一環でデジタルマーケティングの強化も進めている。20年にねじ全般に特化した技術情報サイト「ねじ締結技術ナビ」を開設した。国内外の設計技術者に役立つ技術発信により、新規アクセスは月約2万件の人気サイトになっている。今後もDX化の推進で自社の技術営業スタッフの提案力強化にもつなげて、顧客ごとに応じて提供するソリューション営業の確立を目指す。

もちろんモノづくりも深耕する。23年は軸受用ロックナット「SLB（スペースロックベアリングナット）」や改良型「HLB（ハードロックベアリングナット）」の新製品を市場投入の予定だ。人材採用の面でもこれまでは中途採用が中心だったが、23年は新卒採用も始めている。若林会長は「若者が希望を持ち、魅力を感じられる会社にしていきたい」と力を込める。

ハードロック工業はHLNの提供を通じて社会の安全・安心の提供に貢献してきた。「人生はたらいの水のごとし」を信条に、人のために働き、もうけは後からついてくるという「利他の精神」を掲げて生涯現役として製品開発に励む若林会長を先頭に、今後も緩まないねじを通じて人々の安心な暮らしを支えていく。

Company Profile

- ■社名：ハードロック工業株式会社
- ■代表者：代表取締役会長　若林克彦
代表取締役社長　若林雅彦
- ■所在地：〒577-0063
大阪府東大阪市川俣 1-6-24
- ■設立：1974年4月
- ■事業概要：ゆるみ止めねじの開発・製造・販売など
- ■ URL：https://hardlock.co.jp

▲モノづくり産業が集積する東大阪に本社を構える

第3章

素材・環境など

（建築材料／加飾材料／合成皮革／機能性樹脂シート／リサイクル・トータルプロデュース／産業用不織布）

Excellent company

CASE. 015

塩ビ樹脂系シート防水のパイオニア

60年超にわたり屋上から防水と地球環境に寄与

アーキヤマデ株式会社

日常的に「屋根」や「屋上」を意識している人は少ないだろう。雨漏りなどのトラブルがあって初めて、屋根防水の必要性を認識する人は多い。アーキヤマデは1956年の創業以来、一貫して屋根の防水シートにこだわってきた。専業としてはアーキヤマデのみだ。

塩ビ黎明期に開発に着手

山出敬太郎社長の祖父が内装工事業として大阪市内で設立した。創業時は塩ビの長尺シートを施工していたが、屋上防水に塩ビシートを採用すればよいのではと考え、製品を探した。戦後、列車屋根の火災事故があり、代替えに難燃性の高い塩ビ樹脂が注目され始めた時期でもあった。しかし塩ビの屋根防水材は、国内生産品があるもののまだまだ認知度は低く、普及途上だった。そこで1961年に塩ビの屋根防水材「リベットルーフ」の独自開発に着手。耐久性や耐候性についての知見がほとんどなく開発のハードルは高かった。このリベットルーフは、いまも同社の看板商品であり60年以上の実績がある。

リベットルーフが飛躍したきっかけは1970年の大阪万博。万博の施設に「リベットルーフ」と67年以来現在も発売している屋根成形用の伸縮目地材「クラクタイト」が大量に採用された。まだしっかりとした防水工法が確立されていなかった時期だけに、試行錯誤のすえ完工に行き着いた。これで波に乗り、82年には工事代理店組織である「日本リ

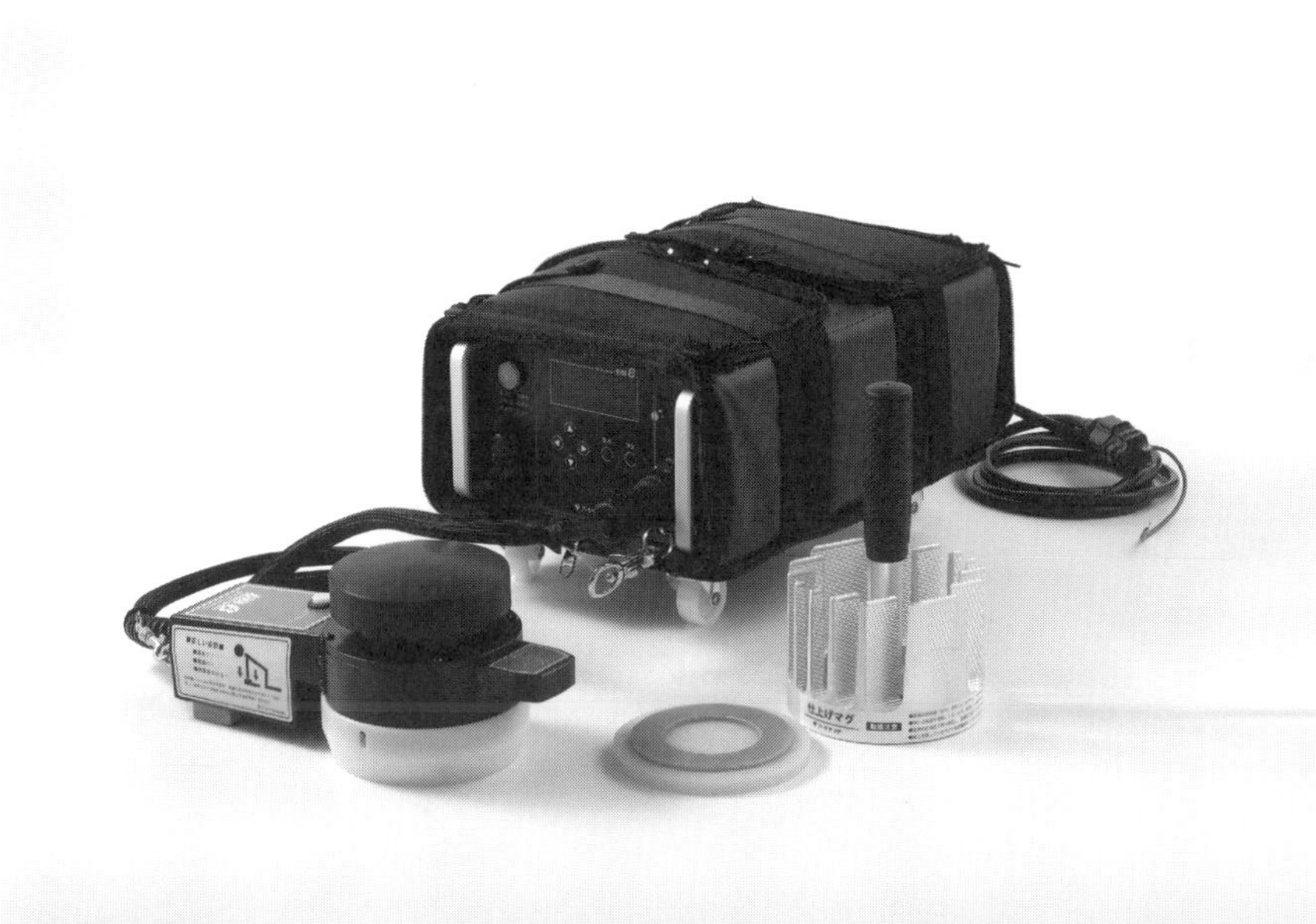

▲IH工法の開発は、塩ビ樹脂系シート防水のパイオニアの地位を強固にした

▲建物の防水を支える同社製品を説明する山出社長

ベットルーフ防水工事業協同組合」の設立に至る。施工代理店は次第に全国化し、現在は２５０社以上を組織化している

リベットルーフはロングセラー商品だが、絶えず品質改良を行ってきた。主原料は耐候性と耐久性に優れた塩ビだが、シートは多重構造になっている。異なる樹脂配合でシート化し積層する技術を開発したのがポイント。さらにシート上面にはＭＭＡ（メタクリル酸メチル）樹脂のシートを配置。耐候性に優れ、紫外線をカットするなどの機能を持つ。さらに機械的強度および寸法安定性を高めるため、中間には補強クロス層を設けた。シート相互は溶着して一体化させるため接合強度と水密性が確保できる。あらかじめ着色するため意匠性の高いシートが完成する。防水材の市場規模は年間６０００万平方ｍとされ、塩ビシートが占める割合は１／４程度となる１５００万平方ｍ程度という。１９９０年代は「塩ビシートは簡易防水」と言われていたが、「製品・工法が２０００年以降の改修需要とマッチし、さらに大きく供給を伸ばした」と山出社長は胸を張る。

防水材に加え施工法も提案

防水シート材だけでなく副資材も供給し、システムとして提案している。リベットルーフが大きく飛躍したきっかけとなったのも１９９５年にＩＨ工法を確立したことによる。従来は防水シートに後付けで金具を接合していたが、金具を先付けしＩＨ技術にて防水シートと接合できるようにしたもの。改修工事では既存防水の上からリベットルーフを被せるだけで済むため工期短縮、廃材の抑制が非常に評価された。そのＩＨ工法に必要不可欠な工具の進化版が、このほど中小企業優秀新技術・新製品賞を受賞した「防水工事施工管理型誘導加熱装置ＥＭ－６」だ。防水シートを固定する装置で、専用の円盤金具を下地や断熱材上に設置し、その上に防水シートをかけ、電磁誘導加熱（ＩＨ）で加熱・圧着する工具。改良を重ね６世代目となる。いまでこそクッキングヒーターなどで身近になったＩＨだが、当時はまだ産業用途で活用する発想がなかった。

施工管理型誘導加熱装置ＥＭ－６は、「従来の誘導加熱装置には加熱圧着の重要な工程を作業員に依存するため、ヒューマンエラー発生の可能性をなくしたい」との発想から生まれた製品だ。安定的に品質を確保するには適正な位置、適正な加圧、適正な加熱量を守る必要があった。そこで位置合わせ、加圧量、加熱量などはセンサにより自動化し、今後を見すえＧＮＳＳ（全球測位衛星システム）と連動した施工地点、施工時間、温度などの施工履歴データを記録する仕組みとした。そのためズレや加熱ミスがあれば即時にエラーで判明する。位置合わせから加熱まで５秒から８秒。専用金具で冷却して次の場所に移動するまで約10秒と、施工時間を短縮した。

「当初は現場で戸惑いもあったようだが反響は大きかった」と、山出社長は振り返る。

現時点でも完成度の高い製品だが、次のステップも構想している。そのテーマの１つが完全自動化。施工管理型誘導加熱装置ＥＭ－６がヒューマンエラーの発生を低減したとはいえ、ますます過酷な環境である屋上において作業員の手間を軽減することは必須。そのために自動化は必要と見ている。完全自動化へのハードルは高いが、移動、加熱、加圧などの各工程に必要なセンサ、制御、駆動技術もより向上することが見込まれ、将来の拡張性を前提とした開発が必要である。ステップを踏みながら２０３０年までには完全自動化を達成したい考えだ。

太陽光発電と一体化した防水システムも

屋根に特化した企業だけに、太陽光発電パネルと組みあわせたシステムも開発した。２００４年に市場投入した太陽光発電一体型リベットルーフ防水システム「エネブリッド」だ。太陽光パネルの設置は電設工事店が行うため屋上防水の知識が乏しく、トラブルが発生していたという。パネルの基礎を安易に防水層上に設置すると、防水層が破断し漏水する恐れがあるためだ。エネブリッドは、防水施工から乾式基礎設置までを一貫で行う太陽光パネルの固定システムで、防水層一体型乾式基礎を設置する。防水材の専門メーカーらしく、雨水対策は万全

アーキヤマデ株式会社／ARCHITECTURAL YAMADE

だ。しかも軽量で工期も短縮できる。太陽光発電はカーボンニュートラル（温室効果ガス排出量実質ゼロ）の達成に向け、今後の需要再拡大が見込まれ、再度営業を強化する。

　次の開発テーマとして、山出社長が常々開発部隊に投げかけているのが「環境と災害をキーワードにした製品開発」。環境については太陽光発電固定システムに象徴されるが、同社ではすべての製品がエコにつながることを目指している。１９９８年に屋上緑化システムを商品化した頃から、社内でも環境意識が高まってきた。もとより同社の主力商品は塩ビを用いたものが多い。塩ビは石油依存度が40％と低く、他のプラスチック製品と比べCO_2排出量が少ない。塩ビ製防水シートはメンテナンスの頻度が少ないので廃材の発生が軽減され、建物自体のライフサイクルも向上する。また、防水シートの「リベットルーフＣＯＯＬ」は、文字通り太陽光を反射して屋上の表面温度を低下させる。屋上の温度が下がれば建物全体の温度低下も期待でき、冷房効率もアップする仕組みだ。一方、台風などの自然災害対策に寄与する製品とし強風システムなどは既に取り組んでおり、その効果は評価されつつある。今後の開発次第で新製品が生まれる可能性がある。

　同社の社是は、「技術と創造、感謝と奉仕、調和と繁栄」。経営理念とともに創業者がつくった言葉だ。この経営理念や社是を守りつつ次のステージを目指す。すでに立派な中堅企業に成長したと言えるが、「まだ当社は発展途上。もっと規模を大きくしたいし知名度を上げたい」と、山出社長は将来を見すえる。それでも「屋上」「防水」という基本姿勢は変わらない。

Company Profile

■社名：アーキヤマデ株式会社
■代表者：代表取締役社長　山出 敬太郎
■住所：〒564-0035　大阪府吹田市江の木町 24-10
■創業：1956 年

■事業概要：合成樹脂建築資材の生産・販売、合成樹脂原料・薬品の販売
■ URL：https://www.a-yamade.co.jp

▲太陽光発電一体型リベットルーフ防水システムは年々ニーズが高まっている

CASE. 016

金銀糸から発展した加飾材料メーカー

蒸着フィルムやパウダーなどの開発も進む

尾池メタリックデザイン株式会社

「加飾材料は常に新しい意匠性が求められ、製法や材料も変化していく。この動きに臨機応変に対応するためには、加飾材料という分野の開発・製造・販売を一体化した会社をつくる必要があった」

尾池メタリックデザイン社長の尾池均氏はこう切り出す。尾池メタリックデザインは、京都に本社を置く薄膜加工会社・尾池工業の100%子会社。尾池均氏は尾池工業の4代目社長として、グループ全体を率いている。

尾池工業の創業は1876年。尾池均・現社長の曽祖父に当たる尾池鉄太郎氏が、刺繍用の金銀糸の販売会社として立ち上げた。金銀糸の伝統的な製法は、和紙の上に金や銀の箔を貼って細かく断裁し、それを糸とより合わせるというものである。この方法だと重くてかさばるうえ量産も利かない。現社長の父である3代目社長・尾池耕三氏が、伝統的製法に替わる真空蒸着法という製法を1956年に導入。軽い金銀糸の量産に成功したのである。

尾池工業グループの再編で誕生

真空蒸着法とは、真空中で金属などの材料を加熱して気化させ、フィルムに薄膜を形成するドライコーティング製法。金属はおもにアルミニウムを使うため、同社はこれに着色と保護の塗液を塗るウエットコーティングの技術も導入した。このドライとウエットの両方が同社の基礎

▲創業140年超の尾池工業グループの舵を取る尾池均社長（同社ショールームにて）

技術となり、食品などの包装用材料やタッチパネルに使う透明導電性フィルムなどの機能材料の分野にも進出し、業績は飛躍的に伸びた。

尾池均・現社長は大学卒業後、京セラで勤務した経験を持つ。その京セラの創業者・稲盛和夫氏が提唱した「アメーバ経営」に共鳴する尾池社長は、組織は環境変化に応じて柔軟に変えていかなければならないという考え方の持ち主だ。尾池工業は社員の士気を高める目的もあり、早くから分社化を進めてきたが、その分社化は製造、販売などの業務ごとに分ける方法だった。このグループ経営を一変させたのが尾池社長である。開発、製造、販売部門を統合した複数の事業会社を設立し、２０２１年６月には新たに事業会社を機能材料、加飾材料、包装材料の３事業に集約する大規模再編を実施した。

尾池メタリックデザインは、加飾材料を担当する会社である。１９９８年設立の尾池テックなど加飾材料を扱っていた複数の会社を統合した。加飾とは材料の表面に装飾を施すこと。社名が表す通り、光沢のあるメタリック装飾で高級感を醸し出す。明治以来の祖業である金銀糸も同社の取扱製品だ。軽くてしなやかな真空蒸着法による同社の金銀糸は、特に海外で人気が高く、「金銀糸の８割は海外向け」と尾池社長は話す。

それ以外にも、金箔の代替品として使われる高砂箔やメタリック転写箔、成形用蒸着フィルム、メタリックパウダー（金属箔粉）など取り扱う製品は幅広い。メタリック転写箔は、食品パッケージ・化粧品容器のほか、自動車や家電の表面にも使われる。成形用蒸着フィルムも、メタリック装飾をプラスチック成形品に付与できるため、おもに自動車の内外装に使われている。メタリックパウダーは、インクジェット用のインクなどに用いられるほか樹脂への練り込みができるタイプもあり、用途が広がっている。

複数のコーティング技術が武器

尾池工業グループは、真空蒸着とスパッタリングの２つのドライコーティング技術、これらにウエットコー

▲平滑で優れた光輝性を持つ塗装面を実現するリーフパウダー

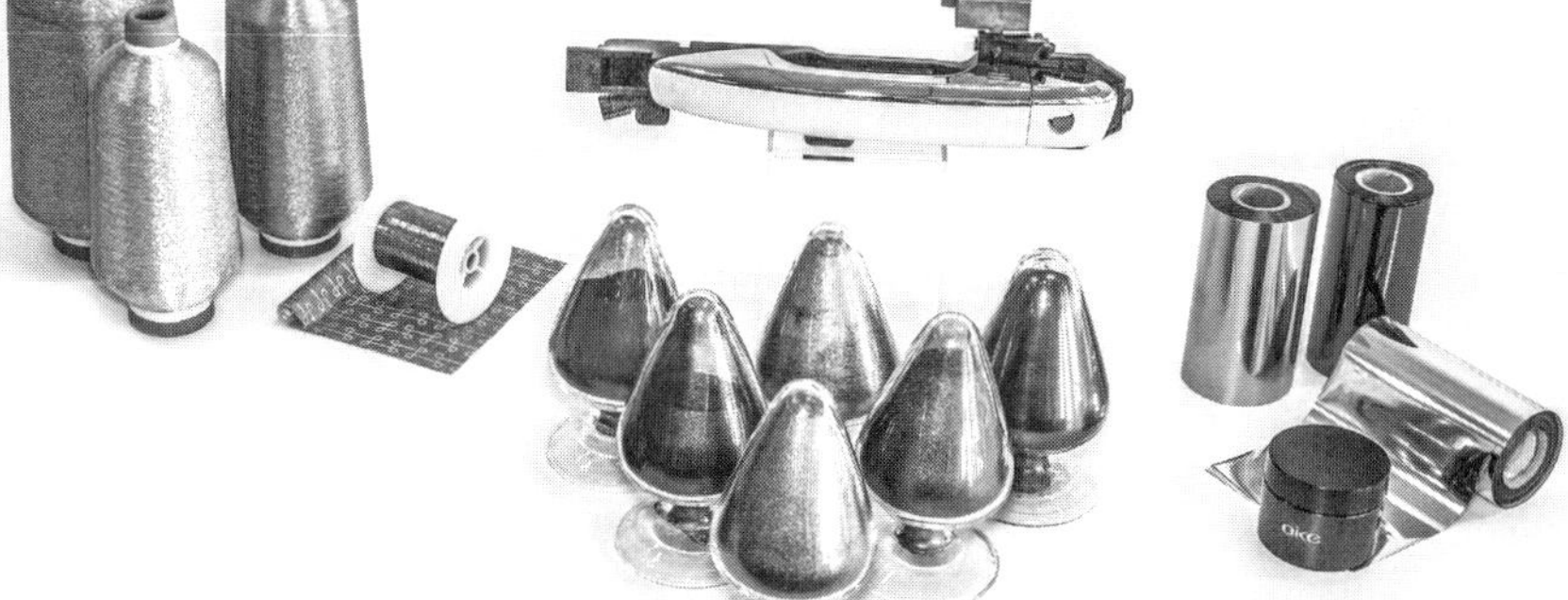

▲尾池メタリックデザインは金銀糸の製造技術を応用するかたちで幅広い製品を生み出している

ティング技術を合わせた計3種類の薄膜加工技術を、すべて持つのが強み。尾池メタリックデザインは、このうちの真空蒸着とウエットコーティングを用いる金銀糸の製造技術を応用するかたちで幅広い製品群をつくり出している。鳥取県倉吉市に自社工場を持つが、自社工場で対応できない製品はグループの京都工場でも製造している。グループ力を最大限生かせるのも、強みの1つだろう。

難燃性・耐熱性に優れた金銀糸や、光透過性・電波透過性を持つ成形用蒸着フィルムなど装飾性だけでなく、機能も優れた加飾材料をつくり出せる尾池メタリックデザイン。最近力を入れているのが、鱗片状薄膜パウダーの「リーフパウダー・インジウム」だ。りそな中小企業振興財団などが主催する中小企業優秀新技術・新製品賞の奨励賞を、2022年に受賞した。

リーフパウダーとは、金属や金属化合物をナノレベルの厚みの鱗片状粒子にしたもの。非常に平滑で優れた光輝性を持つ塗装面が実現できる。尾池メタリックデザインはその金属粒子にインジウムを採用し、鏡面性・光透過性・電波透過性を同時に持たせることができた。「これらすべての特性を最も発揮できる金属としてインジウムに辿り着いた」と語る尾池社長。試行錯誤の賜物だ。

塗装材料としての引き合いは多く、今後、自動車部品などへの幅広い展開が期待できる。リーフパウダーは「積層もできるので様々な発色ができ、装飾性を高められる」と、尾池社長は利用範囲の拡大の可能性を示す。

「メタリックデザインの概念は次の2つ。すなわちインプットとアウトプットだ」と、尾池社長は言う。装飾イメージや使用する材料を自らデザインしていくインプットと、顧客の要望に合わせて工法、プロセスを変えていくアウトプット。この両方がうまく合わさってこそ、良い製品ができるというわけである。

薄膜加工したフィルムなどの一次加工製品や、金銀糸、メタリックパウダーなどの二次加工製品、それに、顧客からの受託加工サービスまで手がけているのも尾池工業グループの強み。その受託加工サービスを長年続けるうちに、顧客との関係が強固になり、技術を共同で開発することも多くなっていった。ドライコーティング、ウエットコーティングの両面で強い技術を持ち、新たな製品づくりを進められたのも、顧客との関係強化の成果だ。好循環が成長を支えている。

化粧品や建材などが有望分野に

尾池メタリックデザインとしても、今後は他社とのネットワークをさらに強固にしていく計画である。製品群の中で有望なのは、やはりパウダーだという。EV（電気自動車）をはじめとする次世代自動車へのシフトが進む中、自動車業界のデザイン志向はますます進むと見られるからだ。

また、化粧品材料も有望な分野。化粧品容器の加飾だけでなく、健康に影響しない化粧品材料そのものに利用できるパウダーの開発に力を入れていく。高級感のあるホテルやマンションなどの建設も進んでいるため、建材も今後は有望な分野になると見られる。

課題は人材育成。薄膜加工の技術を幅広く持っているため、例えば、ドライコーティングに強い技術者、ウエットコーティングに強い技術者といったように、持っている技術に偏りも見られる。統合効果を生かして、担当替えなどを積極化し、どんな技術にも強い人材を育成して、事業の幅を広げる支えとしていく考えである。

Company Profile

■社名：尾池メタリックデザイン株式会社
■代表者：代表取締役社長　尾池 均
■所在地：〒601-8123
京都市南区上鳥羽南塔ノ本町 8-1
■設立：1998 年 7 月
（尾池工業の創業は 1876 年）
■事業内容：金銀糸、メタリック転写箔、メタリックパウダー、成形用メタリックフィルムなどメタリックデザインのソリューションと製品の提供
■ URL：https://www.oike-kogyo.co.jp/

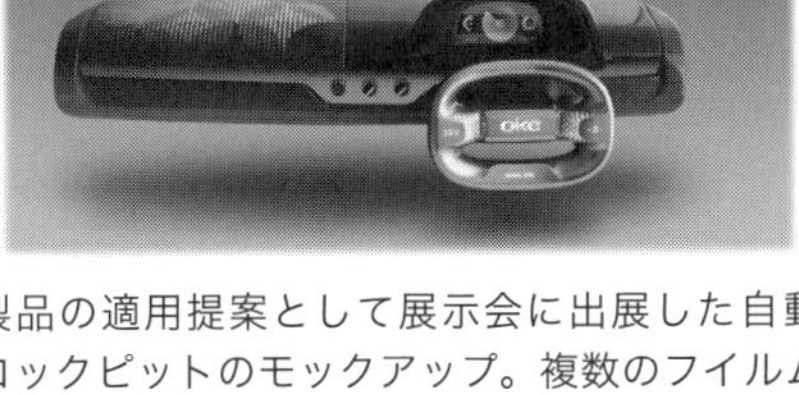

▲製品の適用提案として展示会に出展した自動車コックピットのモックアップ。複数のフイルム製品やメタリックパウダーが使われている

CASE. 017

環境配慮型の合成皮革のリーディングカンパニー

おもしろ　おかしく　モノづくりが合い言葉

株式会社加平

加平は1989年に法人設立した合成皮革メーカー。当初は遮光カーテンや医療用シーツなどの産業資材加工を手がけていたが、2000年代に入って、環境配慮型の完全無溶剤合皮製造技術を確立。これを機に自動車メーカーへのシート表皮用合皮供給がメインとなった。国産高級車などで採用が進み、需要の拡大に応じて泉佐野市周辺で次々と工場を増やした。

困難な技術の実用化に取り組んできた創業者が、ポリシーとして掲げていたのは「できないと言わない」。2016年に就任した2代目の田所茂和社長は、その精神を受け継ぎながら「おもしろ　おかしく　モノづくり」を合い言葉に、日々チャレンジを続けている。

同社は営業担当者を置かず、舞い込んできた引き合いに対して、とにかくスピードを重視して対応するのが特徴だ。田所社長は「欲しいと言われたら（仕様やイメージを確定させせないとしても）まずは、おおざっぱにでも。とりあえずつくってみる」との姿勢だ。

原則1週間以内にサンプルを届けることで、顧客の声かけに対する誠意を伝えるとともに、手に取ったときの反応を伺うのが狙い。「間違えていたとしても良い。近い、遠いなどのフィードバックを必ずくれる」と田所社長は話す。形のないもののイメージを擦り合わせていくよりも、実際のモノをたたき台にして話を始めることが重要との考えだ。

田所社長は社外とのコラボレーションにも積極的に取り組む。「互い

▲「おもしろ　おかしく　モノづくり」を合い言葉に、新たなモノづくりに取り組む田所社長

の強みを持ち寄り、新しいモノをつくっていく」と期待は大きい。従来のB to BだけでなくB to Cの商品づくりに参入し、合皮の端材を利用したバッグやおむつポーチが人気を集めている。eコマースのほか、ふるさと納税返礼品など販路開拓にも力を注いでおり、デザイン性の高いビジネスバッグの製作には、クラウドファンディングも採用した。アイデアを形にする技術を持つ加平にとって、連携候補は無限。さらなる事業領域の拡大に挑んでいる。

環境配慮型商品を世に問う

現在、加平がフォーカスしているのは、環境配慮型の製品だ。

持続可能な社会づくりに取り組む全日本空輸（ＡＮＡ）が、特別塗装機「ＡＮＡグリーンジェット」に採用した座席のヘッドレストカバー。ヴィーガンレザーと呼ばれる植物由来の成分を使った人工皮革でできており、青森のベンチャー・アップサイクルが、りんごの搾りかすを基材の原料としたヴィーガンレザー「リンゴテックス」を企画して実現した。ここにも加平の技術が生かされた。

加平は、植物由来の合成皮革用接着剤の開発に取り組んでいる。合皮は表皮部分、接着剤層、基材の３層構造で形成される。表皮部分はウレタン樹脂でできており、基材はニットや不織布などが使われる。接着剤はこれまで、石油由来の原料が用いられる場合が多かった。

動物愛護の考えから、バッグや財布など服飾品に動物の革を使わない「アニマルフリー」に切り替える消費行動が世界的に盛んになりつつある。合皮業界にとって追い風ではあるが、さらに植物由来の環境に優しい合皮であるとして差別化をアピールするメーカーも増えてきた。田所社長は業界他社のこうした風潮に「実際とイメージの差、見せ方や切り口に問題があるのではないか」と苦言を呈する。中には、植物由来の成分を混ぜただけや足しただけのものも〝環境配慮製品〟を標榜しているものがあると指摘する。

加平が植物由来の環境配慮商品開発に目を向けた、きっかけの１つが「食品工場から廃棄されるタマゴの殻を活用できないか」と、オージー和歌山から持ち込まれた相談だった。タマゴの殻そのものをウレタン樹脂の代替物として使いこなすのは難しいが、色合いを出すのには使えそうだった。加平のノウハウをもって細かく粉砕することで、合成皮革表面のウレタン樹脂に充填剤として使うことができた。このタマゴの殻を樹脂原料に配合した合成皮革は「エッグシェルレザー」として完成。その応用製品を「オージー」のブランド名で、展示会などで広く披露した。

加平はエッグシェルレザーの開発に当たって、タマゴの殻だけでなく、トウモロコシやトウゴマなどの植物由来原料を有効に使うことで、原料における生物由来資源の利用割合であるバイオマス度を高めた。田所社長の

▲本社機能を有する日根野工場。環境配慮型の合成皮革を製造・発信している

▲本社近くに構える貝ノ池工場
不良となった合成皮革の端材を利用したモノづくりで廃棄物の削減につなげている

「粗原料から開発できる強みを生かして〝混ぜる・足す〟ではなく〝置き換える〟を訴求したい」という想いが反映された。

エッグシェルレザーとして完成した、加平の高バイオ化度の接着剤を使用した合成皮革「バイオレザー」。日本有機資源協会が認定するバイオマスマークを取得し、製品に含まれる割合が90％のものから、自動車の内装部材としても使える物性を持った50％のものまでを用意した。2028年に1万平方ｍの販売を目指して提案を本格化する。同製品は近畿経済産業局から「関西ものづくり新撰2023」にも選定され、注目を集めることになりそうだ。

環境配慮のモノづくり

加平が事業拡大の起点としたのは、環境配慮型の完全無溶剤合皮製造技術だったが、環境を訴求するのには、少々、時代が早すぎた。現在は、当時の製造プロセスとは異なる方法で量産対応しているが、今も決して枯れた技術ではない。例えば、本腰を入れるバイオレザーも、当時の製造方法と組み合わせれば、原材料・製造法ともに環境配慮、負荷軽減を価値として提案できそうだ。

二酸化炭素の排出量を削減する新たなプロセスの開発にも力

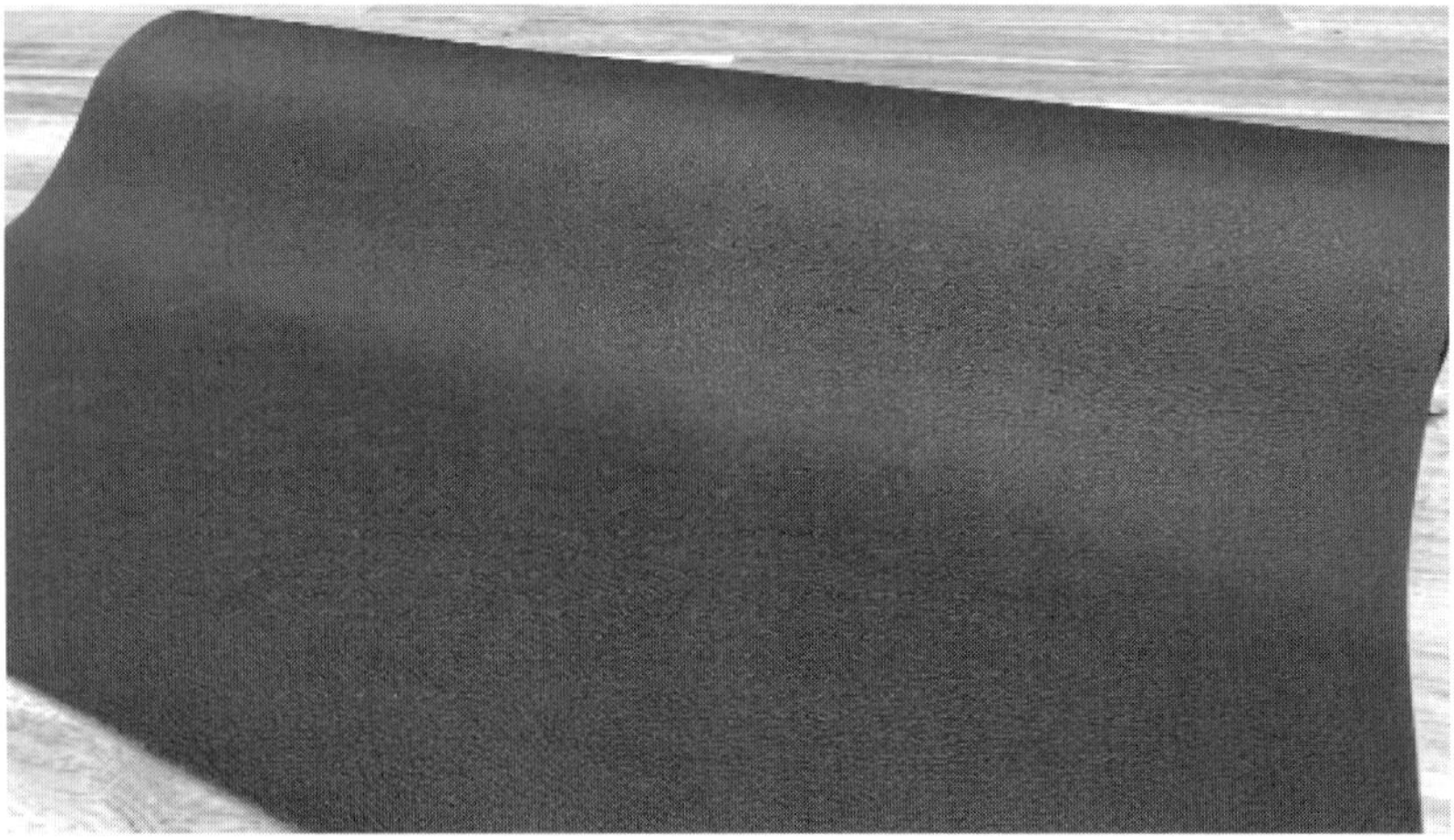

▲環境配慮型の合成皮革の開発で注目を集める

株式会社加平／Kahei

を注ぐ。表皮と多孔質層を一体成形する「ふんわりレザー」は、乾燥工程を大幅に削減できる画期的な技術だ。ウレタンフィルムに特殊な難燃材を使った難燃・防融加工「グリーンテックス」も、焼却処理時の二酸化炭素排出を、従来品に比べて4割削減することができる。

２０１９年には「廃棄物を減らせる工法で、次世代の合成皮革をつくろう」（田所社長）と発想し、デジタルデータによって凹凸も含め自由自在なデザイン柄の合皮を実現する革新技術「ＤＥＣＯ（デコ）」を開発した。これまで柄ごとに必要だった離型紙を無駄にすることなく使え、離型紙の廃棄量を従来比1/10まで抑えることができる新工法だ。ベースとしたのは無溶剤のポリウレタン発泡体製造技術。ソフトな風合いに強度を兼ね備えた合皮の製造法で、低コストかつ環境配慮型であるのが特徴だ。

生産工程におけるＧＨＧ（温室効果ガス）排出量削減にも積極的に取り組んでいる。自社の事業活動などに伴う温室効果ガス（ＧＨＧ）排出量を、２０３０年までに20年比で42%削減する目標を設定。国際環境組織「ＳＢＴｉ（サイエンス・ベースド・ターゲッツ・イニシアティブ）」からの認定取得を目指し、申請作業に着手した。自社の生産における排出量「スコープ１、２」とともに、原材料や製品の流通過程に伴う排出量「スコープ３」の算定も開始。目標達成に向けて生産プロセスの省エネルギー化や再生可能エネルギーの調達拡大などを進める計画だ。生産現場の脱炭素化と循環資源を活用した製品開発の両面で環境配慮を打ち出し、持続可能なモノづくりの実現につなげていく。

Company Profile

■社名：株式会社加平
■代表者：代表取締役　田所茂和社長
■所在地：大阪府泉佐野市日根野 4165
■創業：1980 年 7 月（前身の T・KAHEI）

■事業概要：車輌用合成皮革・各種産業資材の製造・販売
■ URL　https://www.t-kahei.co.jp/

CASE. 018

創業115年超の日本が誇る「混ぜ屋の匠」企業

エマルジョン化技術で機能性材料シート開発 手荷物検査装置で活躍

松林工業株式会社

空港での手荷物検査においてコンベヤで配送される荷物がゴム製カーテンに引っかかり、作業が中断することがある。そんな課題解決に寄与するのが「X線遮蔽タングステンシート」。成田国際空港や東京国際空港（羽田空港）の一部などに導入され、作業者の負担軽減に貢献している。開発したのは、神戸市長田区の松林工業だ。

手荷物検査装置には、内部で照射するX線が外部に漏洩しないよう、入り口と出口にタングステンを混ぜたゴム製カーテンが付加される。松林工業の新製品は厚さ約０・６㎜で、他社従来品比１／３もの薄型化を実現。これによりX線漏洩防止の機能を維持しつつ、荷物の引っかかりを軽減した。２０２１年には、りそな中小企業振興財団と日刊工業新聞社の共催による「第33回中小企業優秀新技術・新製品賞」で、「一般部門・優秀賞」を受賞。大きな注目を集めた。

均一分散の難しさ

松林工業の主力事業は、鉛蓄電池用セパレータの製造販売。自動車向けを中心に事業を拡大し、同分野では国内シェア約8割を占める。リチウムイオン電池の普及などにより鉛蓄電池の市場規模は年々縮小していることから、近年、強化しているのが機能性材料をシート化する受託加工事業だ。機械装置の液漏れ・ガス漏れを防ぐシートパッキンや空調機器向け濾過フィルターなど、案件は着実に増加。X線遮蔽タングステン

▲X線遮蔽タングステンシートと小山嘉一社長

シートは、そうした流れの中で、初の自社製品として世に送り出したものだった。

コア技術は、粒子が液中に均一分散した状態を維持するエマルジョン化のノウハウ。擬溶液とも呼ばれ、時間が経過しても凝集や沈降が起こらないのが特徴だ。機能性材料や溶媒、バインダーを混ぜ、エマルジョン化した状態で、紙や不織布に含浸させたり表面にコーティングしたり、サンドイッチ状に挟み込んだりしてシート化を実現する。説明だけを聞くと、いたって単純。しかし、混入の順番や配合割合、温度、水素イオン指数（ｐＨ）などをいかに調整するかは、技術者の勘と経験に頼る非常に難しい技術だ。小山嘉一社長は「装置の高度化などで対応できるものではない」と説明する。そうした技術的な強みを持つ自社を、「混ぜ屋の匠」と称している。

始まりはマッチ箱

創業は１９０７年。当時、神戸近辺でマッチ産業が盛んだったことから、小山社長の曾祖母にあたる小山とよ氏が、マッチ箱の素地製造業として小山商店を興したことに始まる。とよ氏は淡路島内の松林を購入するほど、松を愛好していた。それゆえ、１９２４年の合名会社設立時に社名を「松林組」にしたと伝わっている。

マッチ箱向けの木の薄板加工技術は、やがて当時の海軍省の目に止まり、潜水艦向け鉛蓄電池のセパレータの製造を任される。それが次第に自動車向けにも発展。戦後のモータリゼーションを追い風にして事業を拡大していった。

株式会社化した後、１９６４年には社名を現在の松林工業に改称。この当時、取引先である日本電池（現ＧＳユアサ）の担当者が、松林を「まつばやし」ではなく「しょうりん」と呼び間違えた。これが「いかにもモダンな響きで良いじゃないか」と評判になり、その読み方が現社名として定着したという。

鉛蓄電池用セパレータの材料には当初、高価なヒノキを使用していた。戦後は量産化に対応するため、綿花の繊維を使ったリンターパルプセパレータに代わる。その後、電気抵抗が低い合成繊維セパレータに代わるなど、

▲不織布などにエマルジョンを含浸させシート化する

日本の高度経済成長に合わせて対応していった。が、リチウムイオン電池の普及に伴い、市場の先細りが明らかとなる中、競合他社は相次いで撤退。いまや国内メーカーは松林工業とGSユアサ子会社の2社となり、結果、顧客への供給責任が重くのしかかっている。利益率が低い事業にもかかわらず、撤退するに撤退できないというのが実情だ。受託加工事業を推進するのには、そうした厳しい市場背景がある。

波瀾万丈の新製品開発

大手インフラ企業の技術職としての経験がある小山社長が2007年に就任して以降は、受託加工事業をより本格化。そんな中、大手電機メーカーとの共同プロジェクトが立ち上がる。大手電機メーカーからタングステンや生地を調達し、松林工業が開発するというスキーム。ところが、松林工業側での配合調整が難航し、なかなか十分な品質を出せない状況が続き、しびれを切らした大手電機メーカーはやがて、プロジェクトから撤退してしまう。材料調達を絶たれた松林工業は、一転して梯子を外されたかたちとなり、素材メーカーや商社などをあたり、自力で調達する必要に迫られた。ところが、自分たちで調達先を見つけたことで、結果的に「材料変更などの微調整をむしろフリーハンドでできるようになった」と小山社長は振り返る。その後は開発スピードを速め、他社従来品では75％だったタングステン含有率を95％に高めることに成功。X線遮蔽タングステンシートの誕生に至る。

やがて、ドイツのX線検査装置の大手であるSmiths Detection Germany GmbH（以下スミスディテクション）の目にとまり、松林工業のタングステンシートを採用したスミスディテクションの装置が成田国際空港などに納入された。今後もスミスディテクションは同装置を、国内の複数の空港へ納入する予定という。また、国内での特許取得をはじめ海外での特許取得にも動く。すでに取得済みの米国に加え、現在は中国、ドイツなどでも申請中。同装置をスミスディテクションが日本以外で展開するために、着々と準備を進めている。

足元では、スミスディテクション向け以外にも、食品業界や医療業界の装置メーカー向けへの納入実績が出始めた。今後はこうした業界の枠を超えた提案を広げる方針だ。

研究者視点と経営者視点

受託加工事業の難しさの1つに〝実現性の見極め〟がある。顧客から指定された材料をエマルジョン化できるかどうかは、実はケース・バイ・ケース。材料によっては失敗することもある。そのため仕事を受ける際は、受託研究というかたちで合意してもらうようにしている。たとえ失敗しても、その研究の工数に応じた適切な報酬は受け取るというわけだ。

「成功報酬型だと、当社は仕事を受けることはできない」と、きっぱり言う小山社長。研究者としての視点と、経営者としての視点のバランス感覚を保ちながら舵取りを続ける。とはいえ、やはり無理難題を言われることは、まだまだ多いという。それに毅然と対応する経営姿勢は、松林工業の堅実さの表れでもある。だからこそ、顧客との信頼醸成につながり、受託案件は着実に増えつつある。

今後の目標は、こうした受託加工を中心とした新規事業の規模を、既存の鉛蓄電池用セパレータ事業よりも大きくすること。そのためには、個別の受託案件を増やすだけでなく、X線遮蔽タングステンシートに次ぐさらなる自社製品を、いかに世に出していけるかがカギとなる。また「混ぜ屋の匠」としての技術を継承するために、人材確保は喫緊の課題だ。2027年に創業120年を迎えるにあたり、成長戦略を示して、さらなる飛躍を狙う。

Company Profile

■社名：松林工業株式会社
■代表者：代表取締役社長　小山嘉一
■所在地：〒653-0015
兵庫県神戸市長田区菅原通 3-6-1
■創業：1907 年（明治 40 年）

■事業内容：鉛蓄電池用セパレータ、
機能性材料シートなどの製造・販売
■ URL：http://www.shorin-ind.co.jp/

▲エマルジョン化の容器（左）と耐久試験（右）は同社のものづくりを支えている

CASE. 019

サーキュラーエコノミーの構築に寄与するオンリーワン企業

「環プラ」をワンストップでプロデュース

株式会社パンテック

「環プラ」。プラスチック廃棄物を資源として循環させるという意味の言葉だ。これは滋賀県大津市に本社を置くパンテックの造語で、2021年に特許庁により商標登録された。

海を漂っているプラスチックごみの重量が2050年には魚の重量を上回ってしまうと言われるほど、プラスチックごみの問題は深刻化している。プラスチックを使用しない「脱プラ」や、使用量を減らす「減プラ」などの動きが目立つものの、軽量で加工しやすい特徴を持つプラスチックの需要は、世界人口の増加とともに年々高まっている。環境負荷を低減しつつ、その需要に応えることがますます求められており、そこで重要になってくるのが「環プラ」である。

日本におけるプラスチックのリサイクル率は8割を超えるが、その大半は焼却してその熱を利用する「サーマルリサイクル」だ。化学的に分解・精製して再重合させる「ケミカルリサイクル」や、破砕や溶解などの物理的な手段で再生させる「マテリアルリサイクル」の比率は、2つを合わせても2割強程度にすぎない。「サーマル」をリサイクルと認めない欧州では、「ケミカル」と「マテリアル」を合わせたリサイクル率が4割を超えている国もあり、日本は後れを取っている。

パンテックは「マテリアルリサイクル」に軸足を置き、プラスチック廃棄物の回収から分別、破砕、溶解、ペレット化、さらには、再生プラスチック原料を用いた製品づくりまでトータルでプロデュースする。

▲独自のサーキュラーエコノミーをつくり上げた代表取締役 黒木正明氏

サーキュラーエコノミー（循環型経済）の構築に寄与する、世界でも稀有な会社である。プラスチックの年間取扱量は約98000t。取引先企業はB2B、B2Cを問わず、プラスチック製品の製造・使用・販売に関わるあらゆる業種に及び、その数は1500社以上に上る。また、プラスチック資源を売買している取引相手国の数は25に達しており、国際的なネットワークづくりも進んでいる。

稲盛哲学を実践、創業へ

創業は1996年。代表取締役の黒木正明氏が、それまで勤めていた京セラ株式会社を退社して、大津市内の自宅で奥さんと2人で立ち上げた。「長年にわたり薫陶を受けた稲盛和夫さんの考えを自ら実践したいとの思いから会社を興した」。黒木氏はこう振り返る。また、それは『利他の心を判断基準とする』、いわゆる稲盛哲学であり、近江商人の商道徳『三方よし（売り手よし、買い手よし、世間よし）』にも通ずる考え方だ。「特にドイツ駐在時に同国の環境保全に対する意識の高さに感銘を受け、環境に携わる仕事で世のために尽くしたい」と考えるに至った。

黒木氏は「外国人の知人からリサイクル原料となるペットボトルを破砕したフレークを集荷する仕事を頼まれた」ことを契機として、プラスチックリサイクルの事業性に着目。どのようなプラスチック廃棄物がどこからどの程度排出され、どのように加工され、そして、どこで使われているのか。事業を進めながら市場調査を重ね、国内の取引先だけでなく、海外の取引先の開拓も進めた。目指したのはリサイクル原料を回収して売るだけでなく、それを加工して再生プラスチック原料や製品として販売する姿だったが、「当時は大手企業からは見向きもされなかったため、思い描いていたようには事業をスケールさせることができなかった」と、黒木氏は苦労を語る。大手企業が同社のビジネスに注目し、同社を選ぶようになったのは、脱炭素社会への貢献がＥＳＧ（環境・社会・企業統治）投資の高まりなどを通じ、企業経営にとっての至上命題になってきたためだ。

顧客のニーズや課題に寄り添い伴走する

昨今、大手企業が同社をプラスチックリサイクルのパートナーとして選定するようになった理由は、そのような社会潮流の変化だけではない。プレコンシューマー材料、ポストコンシューマー材料を問わず、競合他社が敬遠するようなリサイクル難易度が高いアイテムも含めた、あらゆる熱可塑性樹脂を対象にリサイクルスキームを構築・運用することが可能であり、同時に豊富な母材をもとに日本屈指の再生プラスチック原料の供給力を持つからである。

プラスチックは汎用的に使われているポリエチレン（ＰＥ）やポリプロピレン（ＰＰ）をはじめ種類が非常に

株式会社パンテック／PANTECH

▲再生原料を50%使用した再生フレキシブルコンテナバッグ

▲汎用プラスチックからエンプラまで幅広く扱う

▲環境保全活動にも精力的に取り組む

▲プラスチック資源循環促進型アップサイクルブランド「ReTA BASE」も展開

多く、リサイクルに必要な設備や条件などは、素材や形状によって異なるため、あらゆる樹脂のリサイクルに対応できる工場を1社で持つのはほぼ不可能と言ってよい。

このため、パンテックは当初からファブレス経営とし、自社工場を持たず、加工をすべて全国の協力工場に委託する経営スタイルを貫いている。同社の協力工場は地道な努力で増やしていったもので、その数は「現在、70ほどに達している」という。それぞれに得意な分野、不得意な分野があり、単独では需給にミスマッチが生じて設備が遊休化しかねないが、国内外に多数の取引先を持つパンテックとパートナーシップを結ぶことで、設備を効率良く稼働できる。同様に全国の運送会社と提携して物流網を構築しており、ミルクラン（巡回集荷）方式を導入するなど、輸送効率の向上を図り、少量多品種アイテムの回収体制も確立。

プラスチックリサイクルを進めていくうえでは、再生プラスチック原料を顧客が要求する物性に調合（コンパウンド）できるかどうかが鍵となる。パンテックでは大手化学メーカー出身の技術者を顧問として迎え入れており、時に協力工場に対して技術指導を行いながら、顧客ニーズに合致したサービス提供に努めているという。最近ではこの顧問に学んだ新たな技術者も育ってきているそうだ。

ファブレスであることの利点を生かし、志を同じくする事業者と共創（Co-Creation）することで、顧客のニーズや課題に寄り添い伴走する突出した対応力を持つ。これこそが同社の強みと言えるかもしれない。

最近では大手化粧品メーカーの使用済み化粧品ボトルをプランターに再生させる事業をプロデュースし話題となった。また、神戸市が展開しているプラスチック資源に特化した回収ステーションでの回収や、分別および再生を担う事業にも参画。さらに、大手広告会社との共創事業として、オフィスなどから排出される使用済みプラスチックをより付加価値の高い製品に再生させるアップサイクルプログラムの提供を開始したのも直近の成果だ。

同社の事業はビジネスとして成り立つだけでなく、プラスチックの資源循環を促し、石油資源の使用抑制や温室効果ガスの排出抑制にもつながる、まさに「三方よし」のビジネスモデルである。

両利きの経営で社会貢献を続ける

今後については『不易流行』を追い続け、「環プラ」のさらなる社会実装を図りたいと黒木氏は考えている。『不易』とは『三方よし』の理念の追求、『流行』とは『両利き経営』、すなわち、既存事業の強化と新規事業の展開の両立だ。新規事業では、プラスチック廃棄物を付加価値の高い製品として再生させるアップサイクル事業に重点を置くことになろう。プラスチックをゴミとして処分するのではなく、より良い製品に生まれ変わらせることで資源として循環させ、社会に貢献していく姿である。トレーサビリティの強化も課題となる。プラスチックの完全循環型社会を主導するためには、サプライチェーンをいかに管理できるかが問われるからだ。同社はＤＸ（デジタルトランスフォーメーション）の活用によるサプライチェーン管理に力を入れる方針で、そのためのシステム開発を進めている。加えて、プラスチックリサイクルに関するあらゆる情報を横断的に検索・活用できるデータベースの構築にも着手し、それを土台に共創パートナーとともに、それまで以上にプラスチック資源の価値創造を推し進める。また、人材の育成・強化にも注力する。これについては、ウェルビーイングの実現を目指して社内制度をアップデートするとともに従業員全員が日々の売上高や在庫状況を共有できる体制を整える工夫などで、経営者意識の醸成と働きがいの向上に努めている。このような従業員を大切にする姿勢は、「全従業員の幸せを追求すること」を経営目的として掲げる、同社のカルチャーとして根付いている。

Company Profile

■社名：株式会社パンテック
■代表者：代表取締役　黒木 正明
■所在地：〒520-2134
　滋賀県大津市瀬田 4-5-8
■設立：1996 年 4 月

■事業内容：プラスチックリサイクル・トータルプロデュース
■ URL：https://www.pantechco.jp/

▲琵琶湖の近くに本社を構える

CASE. 020

産業用不織布のリーディングカンパニー

和紙の伝統技術を生かした合成繊維製造で世界初を発信

廣瀬製紙株式会社

200℃に熱したホットプレートに厚さ1㎜以下の断熱紙を敷き、その上に氷を乗せる。1分、2分と時間が経過しても氷は溶けず、形は変わらない――。

この断熱紙の正体は、高知県土佐市の廣瀬製紙が開発した「HTIシート」。断熱性能の高いシリカエアロゲルと合成繊維（ポリエステル）を混ぜてシート状にしたもので、熱伝導率は空気並みだという。薄くて軽く、曲げや切断なども自在にできるため、スマートフォンやスマートウオッチ、ヘアドライヤーなど内部で熱を遮断する材料として広く使われている。

「スマートフォンのカメラは熱を持つとシャッターが切れなくなる不具合が起きる。このシートで熱源をシャットアウトすることでカメラは正常に作動し続ける」

岡田祥司社長は、同シートの特徴をこう説明する。

世界初・業界初のモノづくり

同社は合成繊維を使った機能紙や不織布を製造しており、HTIシートのほか、1平方m当たり2gという世界で最も軽い不織布など、世界初や業界初にこだわったモノづくりを行う。不織布にはいくつかの製法があるが、紙と同じように、水と混ぜ合わせた合成繊維を均一に濾き上げ、接着繊維を熱などで適度に結合してシート状にする湿式製法を得意

▲機能紙の可能性を追求し続ける岡田社長

▲高度な人材が研究開発とモノづくりを支える

とする。不織布は繊維間に小さな穴が多数ある構造のため、通気性や吸収性、保湿性に優れ、また、原料や製法を組み合わせることにより耐熱や断熱、吸音など様々な機能を付与できる。

アルカリマンガン乾電池内の正極と負極が直接接触するのを防ぐセパレータ（絶縁紙）や水処理フィルターの支持体、マスク用フィルター、スマートフォン用の電磁波シールド材、印刷基材など多様な分野で使用されている。

同社は、基礎原料を供給する川上のメーカーと最終製品を製造する川下のメーカーの間に位置する素材メーカーである。原料メーカーや商社、ユーザーと一体となって製品開発や用途開拓を粘り強く続けてきたことで製品の付加価値を高め、グローバル・ニッチトップ企業に躍進した。

日本初の合成繊維を使った不織布

創業者の廣瀬晋二氏は、高知県の伝統産業である土佐和紙の工房を営む家に生まれた。終戦後、復員と同時に手すきによる和紙製造を再開した。ただ、機械による和紙製造も広がり始め、晋二氏は将来に危機感を抱いていた。そんな折、京都大学で機能紙を研究していた稲垣寛氏の講演を聞き、自身も合成繊維紙の開発に携わりたいとかけ合い、大学の研究生となる。高知から京都に赴く際、晋二氏の手には手すき和紙の原料繊維を水の中からすくい取って、ゆすりながら絡み合わせるための道具「漉桁（すきけた）」があったという。

１９５４―56年にかけて、晋二氏は京都でビニロンを使った合成繊維紙の製造技術の確立に励んだ。ビニロンは、和紙の原料となる天然繊維と比べると親水性が低いため、水の中で均一に分散させることが難しかった。そこで、晋二氏は手漉き和紙と同じようにトトロアオイの粘液を用いて合成繊維が分散しやすい条件を見出し、漉くという作業を可能にした。また、バインダー（接着剤）にはビニロン繊維と同じポリビニルアルコールから得られ、温水や熱に溶けやすいという性質を持った合成繊維を使うことで、ビニロン繊維とともに水の中からすく

廣瀬製紙株式会社／Hirose paper

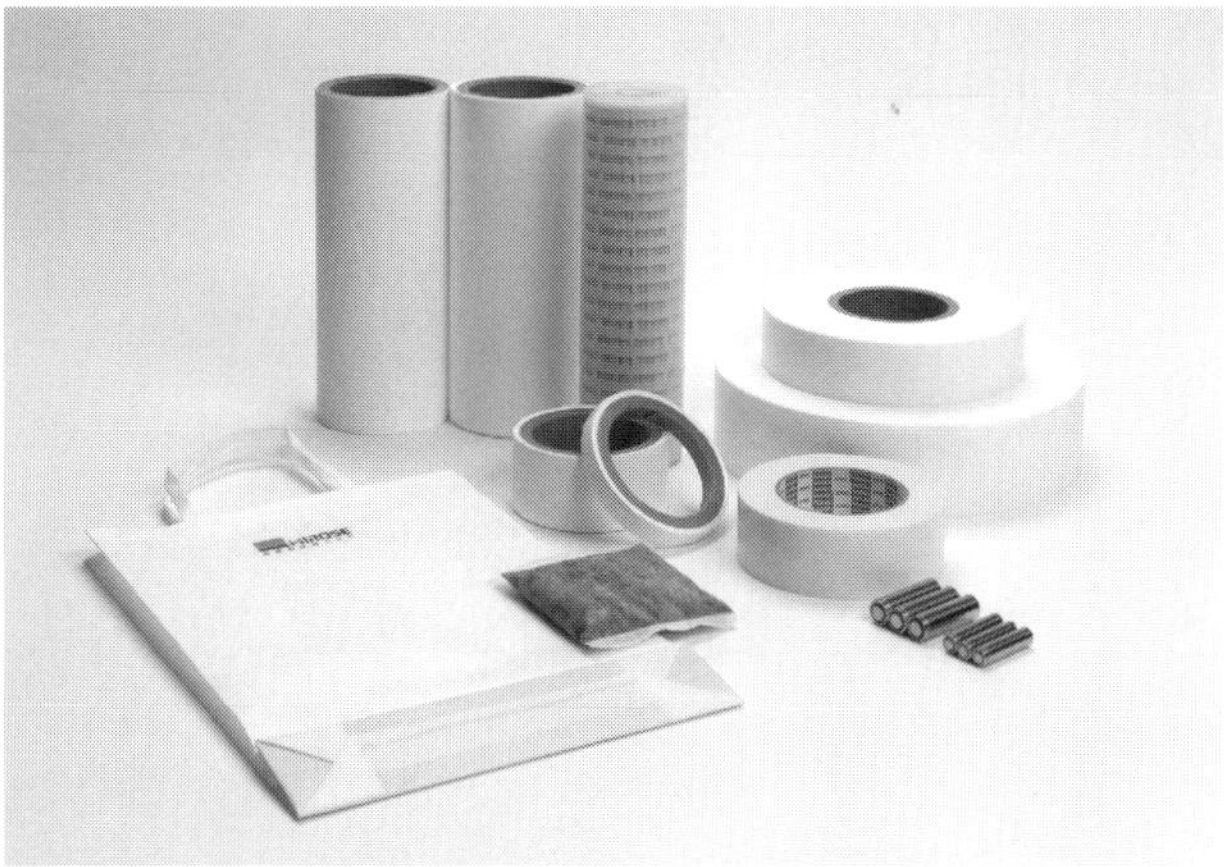

▲食品関連から航空宇宙まで様々な分野に機能紙を提供している

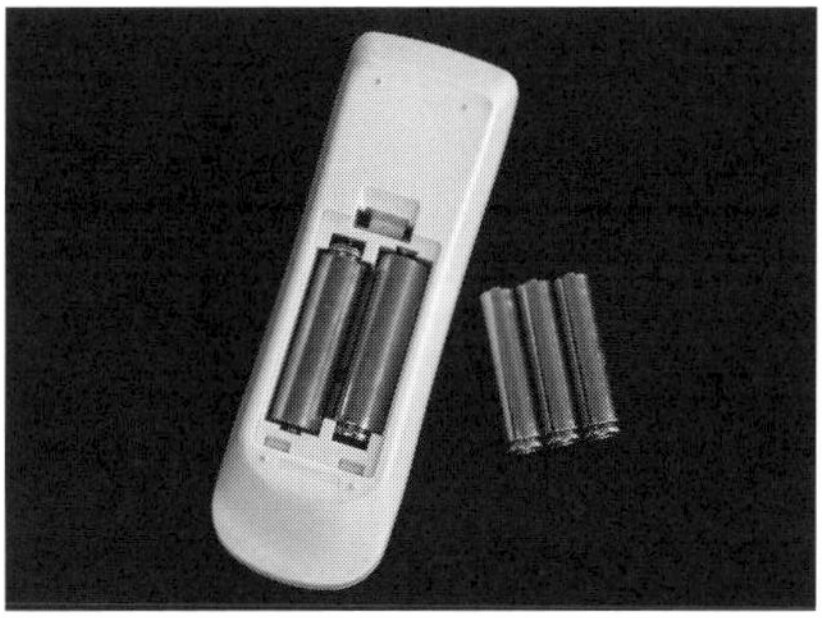

▲湿式不織布は電池のセパレータとして利用

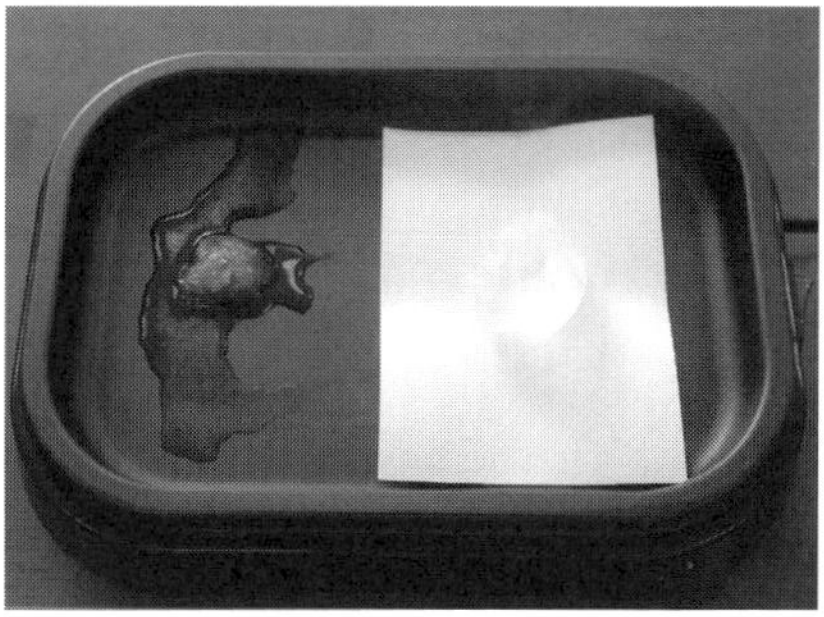

▲HTIシートは様々な電子基材として活用

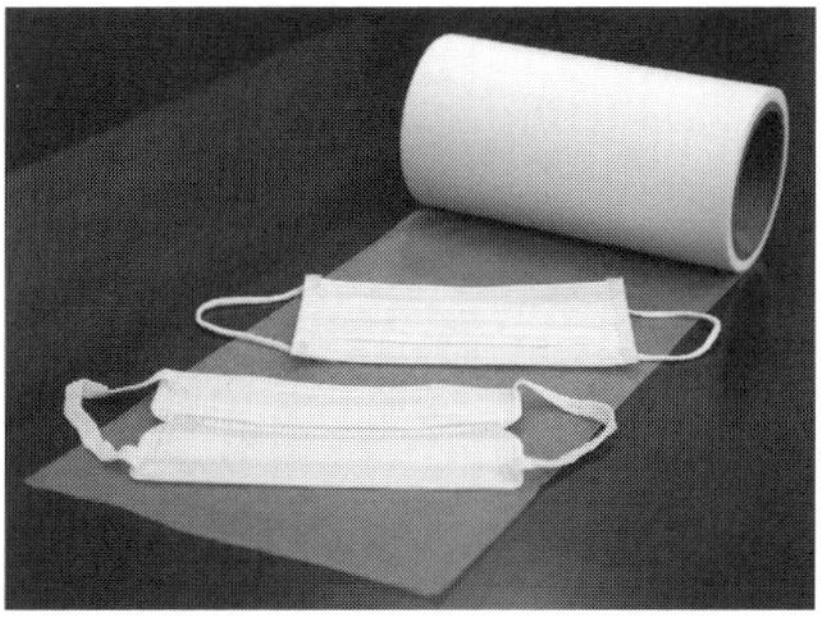

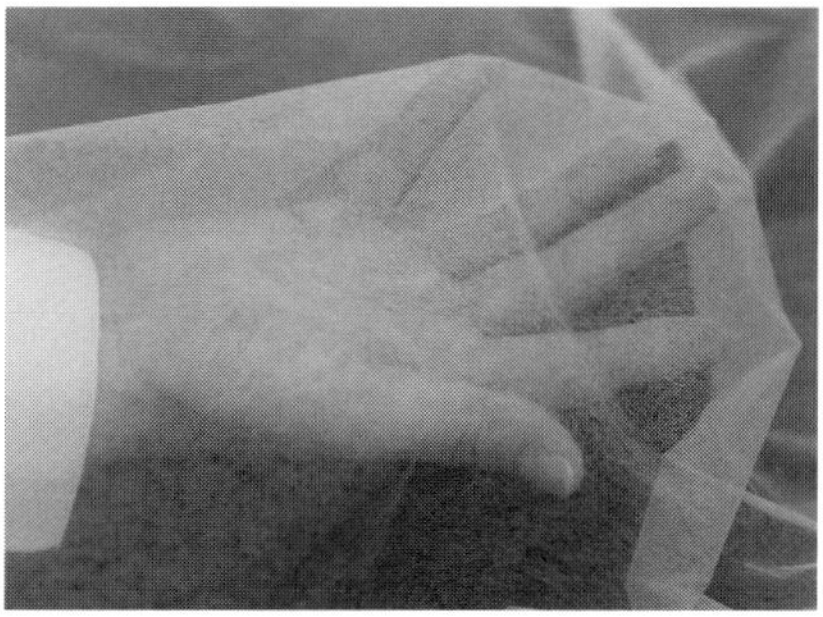

▲ナノファイバー複合不織布（右）はマスク（左）などで応用されている

い取り、その後の乾燥工程でバインダーとなる合成繊維だけを溶かしてシート状にするというプロセスを完成させた。

合成繊維100%の「ビニロン紙」の完成を受け、晋二氏は58年に廣瀬製紙を設立する。会社を運営していくために家庭用ティッシュパーパーなどを製造・販売しながら、ビニロン紙の活用方法を探った。例えば、蒲鉾の包装紙に使えないかと考え、合成繊維メーカーの担当者とともに、全国各地の漁港を歩き回ったという。

60年代半ばに国内でアルカリマンガン電池の製造が始まり、その動きに合わせてビニロン紙を使ったセパレータを開発。海外の電池メーカーに対しても営業活動を展開した。当時はエアメールでカタログを送り、テレックスを介してやり取りをした時代。晋二氏らは海外の展示会にも参加したが、現地に到着すると荷物の中にあったビニロン紙がばらばらに破れていたということもあったそうだ。71年には米国の大手電池メーカーに正式採用され、ビニロン紙のビジネスは開発から10年以上の時を経て、ようやく軌道に乗ったのである。

顧客らと粘り強く用途開発

ナノファイバーの研究開発に着手したのは2000年代から。ナノファイバーは直径が1―1000㎚の極細繊維。これを不織布にすると目が細かく、しかも通気性の高いフィルターができ、表面積が大きくなるため吸着性の高い材料にもなる。1930年代までに紡糸ノズル内のポリマー溶液に高電圧を加えることによってナノファイバーを生成する製法が開発されていたが、事業化するには膨大な数のノズルが必要で、ノズルが目詰まりするという問題もあり、量産は難しいとされてきた。

同社ではノズルを使用せず、ポリマー溶液の表面全体に気泡を発生させ、1つひとつの気泡からナノファイバーを生成する手法を編み出した。さらに、ナノファイバーを均一の厚みで、かつムラのないシートにするためポリマー溶液上を移動する不織布に、気泡により生成したナノファイバーを複合させる製法も確立。2021年

8月には新工場を建設し、ナノファイバー不織布の量産を開始した。新型コロナウイルスの感染拡大もあり、現在はマスク用フィルター向けの需要に対応するほか、二次電池用セパレータや高性能エアフィルター、再生医療研究の細胞培養のための足場材料などとしての活用も期待されている。

「ナノファイバーのフィルターを使ったマスクの製品化にも10年を要した」。それでも、「当社が開発した新しい素材を製品に使ってみたい、商材として販売してみたいというチャレンジ精神を持った人たちが集まり、創意工夫してくれたことで用途開発が進み、世界に販売が広がった」。岡田社長はこれまでの会社が成長した要因をこう振り返る。

今後は、石油由来の素材である合成繊維を原材料にモノづくりを行う会社として、環境に配慮した製品の開発や製造体制の確立に力を注ぐ。同時に、顧客や消費者が、それがなくてはならないと納得する機能性や付加価値の高い製品を世に送り出すことが使命だと考える。

「社員にはつくる喜びを、商社・販売店の方には売る喜びを、お客さまには使う喜びを、地域には在る喜びを与えられる持続性を有する企業であり続けたい」と力を込める岡田社長。これからも高知から世界への挑戦を続け、ステークホルダーとともに製品を育てていくつもりだ。

Company Profile

■社名：廣瀬製紙株式会社
■代表者：代表取締役社長　岡田 祥司
■所在地：〒781-1103　高知県土佐市高岡町丙529番地イ
■設立：1958年3月

■事業内容　機能性繊維による工業を中心とした産業用（湿式）不織布の製造・加工・販売
■ URL：https://www.hirose-paper-mfg.co.jp/

▲エクセニア工場は抄紙から加工、仕上げ、検査、出荷までの全ライン一貫工場
同社の強いモノづくりを支える

研究開発がもたらす事業変革
～『ものづくり』を魅力あるものとするために

わが国のものづくり企業の環境と変革

ものづくりを基盤とする製造業は日本を支える業界のひとつであり、わが国のＧＤＰにおける製造業の割合は約２０％を占める。全産業の中で割合が最も高く、長きにわたって日本の産業を牽引し、現在でも日本の基幹産業を担っていると言ってもよい。製造業の歴史は米国・欧州、次いで日本が長く、その間、様々な課題に直面しつつも乗り越え、わが国の保つ技術力は新興国にない大きな優位性と言われてきた。ただ、現在日本の製造業は、ある意味いろいろな側面で危機的状況になっているとも言われている。とりわけ、ものづくりを担う中小の製造企業は多くの課題を抱え、日本の製造業の置かれている立場は必ずしも楽観視できない状況にあるとされる。

この「混乱の時代」の中で求められるのは、企業の改革・革新・イノベーションであると言われるが、よく言われるイノベーションの実体は各企業体に結びつけるとき、必ずしも明確でないのも事実である。ただ、わが国は今後、少子高齢化が進み、労働人口の減少が危ぶまれている状況や、世界情勢に大きな変化が見られることから、抜本的にものづくりを変えていくチャンスとも言われ、単なるコスト競争ではなく付加価値を創造し、労働生産性を高めることが必要とされている。その変化する環境の中で製造業がこれまで培ってきた強みを生かして、新たなものづくりのあり方をつくることが求められている。

企業発展の成功例の視点

企業変革・発展で成功に導かれた「ものづくり」事業そのものについては、本書にも具体的な例が挙げられているが、筆者が主宰している中堅・中小企業の経営者の会「新鋭経営会」の企業での成功をもたらしたもの背景について、そのいくつか特徴的な動向のポイントとして次の内容が指摘された。

- いかに自社の展開についての高い視点での課題に気づくか、すなわち常態を超えた**気づき**と、開発意欲の**高まり**をもたらすようなリーダーの**直感**。
- 自社オリジナル技術と外部ネットワークを最適に活用した探索による「**活きた気づき**」。
- ものづくりとインテリジェント情報工学などを連携した自社内の研究開発課題の**探索力**の高さ。
- 「人の真似をしない」「自分で考えてやる」「やってみる」という研究開発の姿勢の徹底。
- 「これなら商売になる」という経営者的な直感が必要で、そのためにも**リーダーの勉強と意欲**。
- **徹底した独創性**を探究した研究開発で、複合的な組み合わせによる研究開発体制の整備。
- 研究開発が成果に結びついたのは、リーダーの理解と支援の結果。

結局は、成功のカギは適切な研究開発課題の抽出とその実施および支援体制であり、幾人かの経営者が指摘するように**リーダーとしての役割と責任**が重要なのである。

研究開発を進めるうえで求められる探索力

企業が研究開発を実施するときには、まず行うのかの探索であろう。必要なのは2つの面での「観察」であり、すなわち「**いま**」を的確に見ることと「**今後**」の展開を見通すことであり、観察が生み出す「改革のきっかけ」を「**探索する力**」と「**展開する力**」が求められる。そのために必要なものは、現状のものづくりプロセス・システムにどのような課題があるかを発見のための情報の的確な「**センシング**」力である。センシング力に優れた人材がいて、それを見極めるリーダーの存在が不可欠なのである。

ただ、センシング力をどう発揮するかが問われるが、それは、自社の製造プロセス、製品などを常に**観察**し続けていることなどの、現状の**正確な**把握が求められる。そのうえで常態を超えた気づきを生むかが課題であるが、課題の種類には、自社内ごととしての困りごと、リードタイムの冗長な点など、また、自社を取り巻く環境の変化からは、新しい技術の応用、新商品・新事業などの展開が挙げられよう。そのうえで課題を解決するため経営資源を見直して競争力をつくり出し、いかにコンセプト化するかで**競争力を確保**する行動が求められる。

成功例から見た重要なポイントを述べてきたが、そのためにはそれぞれが行った研究開発が重要な役割を果たしてきたと言える。ただ、そうであるとしても、どのような研究開発を進めればよいのかについて解を求めることは容易ではない。あまりにも多様であるとともに、企業の取り巻く環境が大きく異なるため、経営評論家のように一般論的な議論は難しい。新鋭経営会の企業の成功例を見ても多様そのものである。そこで、ますます経営者のリーダーシップが重要となるのである。

研究開発の目指すものと成果をもたらす経営方針

少し前になるが「ものづくり白書」（２０１７年度版）では、ものづくり企業が取り組む方向性として、「思考」「行動特性」「手段」を挙げている。思考では「顧客起点」かつ「全体最適化」の重要性を、行動特性では俊敏（アジャイル）な経営と価値最大化の仕組みづくりの重要性を、手段ではアライアンス構築や外部資源活用などの重要性を指摘し、そして、最終的には〝**Connected Industries**〟（註：データを介して、機械、技術、人など様々なものがつながることで、新たな付加価値創出と社会課題の解決を目指す産業）の実現に向けたＩｏＴなどのデジタルツールの利活用などのための環境整備を挙げている。

白書は、わが国の中小企業の目指すべき方向をConnected Industriesとしているが、全体論としては理解できても、それぞれの中小企業自身が発展・拡大していくための具体的アクション、特に不可欠な研究開発の方向性をどうするかは、各企業の状況を踏まえた適切な判断が求められる。

それでは、研究開発の方向を各企業が決めるためにはどうすればよいのであろうか。やはり、一番のポイントは、各企業の事業分野の現状の正確な把握であり、研究開発の実施に当たって、例えば、ものづくり企業の各プロセスの消費時間、部品の流れや停滞などの現状の状態の正確な把握が基本であり、成功している研究開発の基本は「**いまを知る**」ことが第一である。例えば機械加工でも、加工時の部材やバイトなどの温度や振動などがどのようになっているのかを知ることが基本で、その情報が加工におけるリードタイムを削減する自動化、システム化につながるのである。この現状を知らないで、新しい加工システムを外部からいかに導入しようかなどの研究開発では成果をあげ得ない。最近のセンシング技術を活用して、ものの流れを瞬時に把握している企業は多々あり、研究開発の出発点であろう。

どのような研究開発を目指すべきなのか。基本は、前述のように開発の基本となる「気づき」である。気づきのないところに次のステップが生まれない。この気づきを生むような経営方針が不可欠なのである。

これまでの多くの成功例を見ると、何を改革・イノベーションするかについては、①自社の製品のイノベーション、②自社のものづくりプロセスの改革、③自社のものづくりの改革からの発生した新ビジネス、④自社のものづくりから生まれる新しい「もの」による新事業への挑戦、などの段階がある。どの改革においても自社のものづくりの労働生産性を高め、付加価値を生み、競争力につながることが求められる。そして、その流れをつくるのは経営者の経営方針に依存することは間違いない。

イノベーションをもたらす研究開発のカギ：コラボレーション

研究開発を通じて事業が成功するかのカギは、変革につながるイノベーションがもたらせるかにある。そのイノベーションとは、新しく、かつ有益なものを創造することであり、いかに効果的に、かつ継続的に企業の魅力を生み出せるかにかかっている。「ハーバード流の逆転のリーダーシップ」（リンダ・A・ヒル著）によると、そのイノベーションを導くのは、**コラボレーション**、**発見型の学習**、**統合的な決定**の3つの要素であるとし、特にコラボレーションは重要な要素であり、企業全体の中で、いかにコラボレーションが図れるかは経営者の器量であり、能力と言えるであろう。

このコラボレーションは、いろいろなレベルがある。社内の連携と社外の組織との連携をうまく生かした結果が成功例につながっていることは多くの例からも伺える。

社内のコラボレーションは、社内の組織のあり方に大きく依存し、リーダー主導型でその都度組織を構成する方法や、従業員の役割を事業の主担当と開発役割の副担当の二重担当制とし、マトリックス人事システムを採用するなど人事政策での工夫が求められる。

一方、多くの成功例に見られる社外とのコラボレーションについては、2つの大きな流れ場あり、1つは大学や公的機関との連携であり、もう1つは川上・川下の同業でない企業との連携である。この社外連携で大切なことは自らが主体となって行うことであり、他者に依存型のものは成功しない。特に大学との連携には注意を要する。成功のためには、社内の体制整備が不可欠である。研究開発に当たっては、外部とのつながりは「戦略的ネットワーク」として活用すべきである。

ニューノーマル時代のものづくり産業は：人財が集う魅力ある産業に

その新しい企業像をもたらすのは、やはり人財といえる。人が集まり、育つための基本は、企業としての「魅力」であり、その魅力を生むのは

「楽しさ」

「発想の自由」

「良き仲間」であろう。今のものづくり産業には、このような魅力があるのかが問われている。

いまやコロナ禍の影響が注目されるが、それ以前からも新しいものづくり企業のあり方が問われてきており、ニューノーマル時代といわれる時代にあっては、人財が集う**魅力ある企業**とする経営戦略が求められる。例えば、森氏（株式会社森経営コンサルティング代表）は、①企業のコア事業と関連性がある成長分野を見つけること（**ポジショニング**）と、②企業のコア事業を活かした競争戦略を策定すること（**リソース・ベースト・ビュー：RBV**）の2つが重要と指摘している。ある意味、これまで指摘してきたように自らの事業の状況を正確に知り、それによって新しいポジションを見極めることが出発点であり、そのうえで新しい戦略、ビジネスモデルを構築することが求められる。

このような的確なポジションを明確にし、改革を生む研究開発を進めて、魅力ある事業形態をつくり上げ、意欲ある人財を育成することが望まれる。本書では、事業として成功した例が取り上げられたが、単に表面的な成果を見るのでなく、新しいものづくりを生み出した企業経営の神髄を感じ、ものづくりが魅力ある産業で、その魅力で集う人財が、新しいものづくり産業の創造につながることを願う。

ものづくり日本大賞近畿地域選考分科会委員　委員長
新鋭経営会　会長
大阪大学名誉教授
豊田　政男

なぜこの技術・製品が選ばれるのか？
―ものづくり日本を支える強い技術・現場20選

NDC335

2023年4月8日　初版1刷発行

（定価はカバーに表示されております。）

発行者　井　水　治　博
発行所　日　刊　工　業　新　聞　社

〒103-8548　東京都中央区日本橋小網町14-1
電　話　書籍編集部　03-5644-7490
販売・管理部　03-5644-7410
FAX　03-5644-7400
振替口座　00190-2-186076
URL　https://pub.nikkan.co.jp/
e-mail　info@media.nikkan.co.jp

印刷／製本　新日本印刷（株）

落丁・乱丁本はお取り替えいたします。　2023 Printed in Japan

ISBN 978-4-526-08273-3　C3034